W0191055

Querverlag

Constance Ohms

Spagat ins Glück

Lesben und Schwule mit Migrationsbiografie

In Kooperation mit der Heinrich-Böll-Stiftung, Broken Rainbow, der Hannchen-Mehrzweck-Stiftung sowie Dreilinden gGmbH

© Querverlag GmbH, Berlin 2014

Umschlag und grafische Realisierung von Sergio Vitale

Druck und Weiterverarbeitung: Finidr
ISBN 978-3-89656-227-2
Printed in the Czech Republic.

Bitte fordern Sie unser Gesamtverzeichnis an:
Querverlag GmbH
Akazienstraße 25, 10823 Berlin
www.querverlag.de

Inhalt

Vorwort

Dem Thema „Lesben, Schwule, Migration" gehen drei zentrale Fragen voraus, mit denen man sich auseinandersetzen muss, um die Besonderheiten der Lebenslagen von migrantischen Homosexuellen nachvollziehen zu können: (1) Welche Bedeutung hat der Umstand der Migration für die Biografie eines Menschen?, (2) Was heißt es eigentlich, sich in eine Gesellschaft zu integrieren?, und schließlich (3) Was haben die Themen Migration und Integration mit Lesben und Schwulen zu tun? Mit diesen Fragen möchte ich mich hier im Vorwort und den nachfolgenden Kapiteln auseinandersetzen.

Jeder fünfte Bürger Deutschlands hat einen sogenannten Migrationshintergrund, gut ein Drittel von ihnen ist hier geboren[1]. Der Anteil von Menschen mit einer Migrationsbiografie wird zunehmen, denn schon jetzt stammt etwas mehr als jedes dritte Kind unter fünf Jahren aus einer Migrantenfamilie. Deutschland ist ein Einwanderungsland. Punktum. Das ließe sich auch dann nicht ändern, wenn „deutsche" Frauen – jetzt einmal unabhängig davon, wer das eigentlich ist – mehr Kinder bekämen. Dieses „Gebär-Rennen" haben die deutschen Frauen verloren. Offenbar lassen sie sich auch nicht durch verschiedene politische Maßnahmen wie das Elterngeld dazu bewegen, mehr Kinder zu bekommen. Die derzeitigen bevölkerungspolitischen Ansätze zeigen vor allem eins: Die deutsche Regierung legt ihren Schwerpunkt eher auf die Bestandserhaltung der Deutschen, als dass sie Deutschland als Einwanderungsland gestaltet.

Es gibt verschiedene Strömungen lesbisch-schwuler Emanzipationsbewegungen, von links-autonom bis bürgerlich. An politischem Einfluss gewonnen haben letztlich nur diejenigen, die der bürgerlichen Mitte zugeordnet werden können. Deren Akteure teilen die Einstellungen und Werte der Bürgerlichkeit. Zugleich müssen sie jedoch erleben, dass die bürgerliche Mitte nicht gewillt ist, die letzte Bastion ihrer heteronormativen Bürgerlichkeit aufzugeben: die Ehe und die mit ihr verbundenen Privilegien. Derzeitig auszumachende Konflikte zwischen bürgerlichen Homosexuellen und bürgerlichen Heterosexuellen ranken daher um die Öffnung der Ehe und ein umfassendes Adoptionsrecht. Geeint sind Homos und Heteros allerdings bei den Themen Zuwanderung und Integration.

Viele in Deutschland lebende Menschen, auch Lesben und Schwule, stehen der zunehmenden Einwanderung ambivalent gegenüber: Eine Studie des Berlin-Instituts für Bevölkerung und Entwicklung[2] zeigt, dass die gesellschaftliche Akzeptanz für Zuwanderung gestiegen ist; auch sind immer mehr Menschen davon überzeugt, dass es eine aktive Integrationspolitik geben muss. Man nähert sich also der Tatsache, dass Deutschland ein Einwanderungsland ist. Eine ebenfalls aktuelle Studie der Universität Leipzig[3] bestätigt dieses Ergebnis indirekt, denn die Forscher_innen stellen eine Abnahme *allgemeiner* rechtsextremer Einstellungen fest. Die Untersuchung zeigt aber auch, dass Ressentiments gegenüber bestimmten gesellschaftlichen Gruppen im Vergleich zu den Vorjahren zugenommen und sogar einen Höchststand erreicht haben. Statt einfach alle „Ausländer" „blöd" zu finden, beschränkt man sich jetzt offenbar auf einzelne Gruppen, und das dafür umso deutlicher: Die starken Vorbehalte richten sich vor allem gegen Muslime, Roma und Sinti und Asylbewerber: Über die Hälfte der 2.500 Befragten ist zum Beispiel der Meinung, dass Sinti und Roma zu Kriminalität neigten, und mehr als die

Hälfte von ihnen hat auch ein Problem damit, wenn sich in ihrer Umgebung Roma und Sinti aufhalten. Und 43 Prozent fühlen sich wegen der „vielen" Muslime manchmal fremd im eigenen Land. Schließlich sind 76 Prozent der Befragten der Auffassung, dass Asylanträge nicht großzügig geprüft werden sollten. Letzteres unterstützt natürlich politische Bestrebungen, das Asylgesetz zu überarbeiten (d.h. verschärfen) und einige Balkanstaaten von der Liste der asylberechtigten Länder zu streichen. Die Politik hat hier leichtes Spiel. Diese Zahlen sind aber auch wichtig, weil sie verdeutlichen, dass sich die „gruppenspezifische Menschenfeindlichkeit" – so nennt der Soziologe Wilhelm Heitmeyer das – in der gesellschaftlichen Mitte stabil etabliert hat.

Mit der zunehmenden gruppenspezifischen Menschenfeindlichkeit einerseits, genauer gesagt, der zunehmenden Fremdenfeindlichkeit, und der wachsenden Einwanderung andererseits entsteht ein brisantes gesellschaftliches Spannungsfeld: Dieses entlädt sich zwar auch in der Zunahme fremdenfeindlicher Gewalttaten, die man eher organisierten, wenig gebildeten, rechten Holzköpfen zuordnen kann. Aber es gibt auch pseudo-intellektuelle Entladungen aus der bürgerlichen Mitte wie beispielsweise die Publikationen von Thilo Sarrazin oder Akif Pirinçci. Darin wird über „Kopftuchmädchen", den Islam, Schwule und Lesben, Frauenemanzipation usw. räsoniert und schließlich befürchtet, dass Deutschland „sich abschafft". Und ich frage mich ständig, was für ein Deutschland sie eigentlich meinen?

Auch neue Parteien wie die AfD (Alternative für Deutschland) schlagen in dieselbe Kerbe, wenn sie feststellen, dass Deutschland „zu wenig Kinder hat", und den „Schutz der Familie als Keimzelle der Gesellschaft" proklamiert. Gemeint sind deutsche Kinder, die Ausländer bekommen ja eh viel zu viele. Und die deutschen Frauen befinden sich ja im „Gebärstreik". In den politischen Leitlinien der AfD wird auch deutlich, dass mit „Familie" die Ehe zwischen Mann und Frau gemeint ist. Nichts anderes. Die AfD fordert das Asylrecht für „ernsthaft politisch Verfolgte" und eine Zuwanderungslenkung nach dem Vorbild Kanadas. Migranten würden dabei nicht nach Deutschland auswandern, sondern in das deutsche Sozialsystem. Der AfD-Politiker Bernd Lucke bezeichnet Menschen, die ohne Deutschkenntnisse und ohne Bildung nach Deutschland kommen, auch schon einmal als „sozialen Bodensatz, der ein Leben lang in unserem Sozialsystem verharrt."[4] Und was bedeutet eigentlich, *ernsthaft* politisch Verfolgte"? Die Verfolgung wegen Homosexualität als Asylgrund fällt höchstwahrscheinlich nicht darunter. Auch möchte ich daran erinnern, dass Bodensatz meist im Müll entsorgt wird. Das ist Rechtspopulismus in Reinform. Und doch schafft es die AfD, sich als „liberale" Partei der bürgerlichen Mitte zu verkaufen. Sozusagen als Nachfolgerin der FDP. Das funktioniert nur deshalb, weil die Repräsentanten dieser Partei tatsächlich aus der bürgerlichen „Mitte" stammen.

Zugleich suchen immer mehr Menschen Asyl in Deutschland. Der Präsident des Bundesamts für Migration, Manfred Schmidt, berichtet, dass 2013 insgesamt 127.000 Erst- und Folgeanträge für Asyl gestellt worden sind; für 2014 rechnet er mit etwa 200.000 Anträgen.

Ich wiederhole: Deutschland ist ein Einwanderungsland. Deutschland verändert sich. Immer. Stetig. Veränderungen müssen nicht immer negativ sein, was sich unter anderem an Frauen- und Homorechten zeigt. Eine bedeutsame Veränderung gegenüber den fünfziger und sechziger Jahren ist, dass Ehefrauen seit Mitte der siebziger Jahre ohne Einwilligung ihres Mannes arbeiten gehen können. Jüngere Frauen werden hier ungläubig den Kopf schütteln. Aber ja, es ist noch nicht allzu lange her, da war die Ehefrau vom Gutdünken ihres Ehemannes abhängig; wenn er nicht wollte, dass sie arbeiten geht, konnte er es ihr verbieten und sogar einen bestehenden Arbeitsvertrag kündigen. So war das bis 1977, erst dann wurde das Eherecht modernisiert. Eine weitere historisch bedeutsame Veränderung war, dass die Weltgesundheitsorganisation WHO 1992 Homosexualität nicht länger als Krankheit erachtet und aus dem ICD[5] genommen hat. Auch das hat Deutschland sehr verändert. Und zwar zum Guten. Lesben und Schwule sind nicht nur Akteure, sondern auch Objekte einer gesellschaftlichen Veränderung; der Weg geht von einer Kriminalisierung und Pathologisierung hin zu einer gesellschaftlichen Akzeptanz einschließlich einer rechtlichen Gleichstellung mit heterosexuellen Lebensweisen.

Lesben und Schwule sind handelnde Subjekte im gesellschaftlichen Veränderungsprozess, d.h., auch wir können und müssen diesen tragen, begleiten und gestalten. Viele Lesben und Schwule befürchten, dass durch die Zuwanderung von Menschen aus Ländern, in denen Homosexualität rechtlich und sozial verfolgt wird, auch in Deutschland die Homophobie zunehmen und deren Akzeptanz als gleichberechtigte Lebensweise abnehmen könnte. Ich teile diese Sorge, sehe sie aber nicht in der Migration an sich verortet, sondern in der Funktionsweise von Diaspora-Gemeinschaften, die Homosexualität als Merkmal der Abgrenzung zur aufnehmenden Gesellschaft sehen – und damit als Aufgabe von Integration. Wird zudem die Auseinandersetzung mit Zuwanderung auf eine bestimmte Religion verengt, führt das dazu, nur noch über die „Rückständigkeit" des Islam zu reden anstatt von kultureller Vielfalt, Migration und Integration. Ich halte diese Art der Religionsdebatte für wenig hilfreich, denn wenn über Religion gesprochen werden sollte, dann erstens vor allem über deren fundamentalistische Auslegungen und zweitens über die Trennung von Staat und Kirche. In vielen osteuropäischen Ländern sowie in Russland haben die orthodoxen Kirchen einen sehr großen Einfluss auf die gesellschaftliche Wertebildung und auf staatliches Handeln. Dasselbe trifft natürlich auch auf Länder zu, in denen der islamische Glaube die vorherrschende Religion und so gut wie keine Trennung von Kirche und Staat vorhanden ist.

In Deutschland gibt es ebenfalls keine hinreichende Trennung von Staat und Kirche. Der Staat zieht die Kirchensteuer ein. Eigentlich ist das keine Steuer, sondern ein Mitgliedsbeitrag, den die Kirchen selbst von ihren Mitgliedern einfordern sollten. Von den derzeit 631 Abgeordneten gehören nur 26 keiner Konfession an, lediglich drei bezeichnen sich als Atheisten. Einige Bundestagsabgeordnete sind zugleich kirchliche Funktionäre, so zum Beispiel die Grünen-Politikerin Katrin Göring-Eckhardt, Günther Beckstein von der CSU, Hermann Gröhe von der CDU, Otto Fricke von der FDP usw. Andere Abgeordnete wie der Fraktionsvorsitzende der CDU Volker Kauder stehen sogar den Evangelikalen nahe. Damit haben die Kirchen einen direkten Einfluss auf die Politik dieses Landes.

In jeder Religion, und ich meine wirklich, in jeder Religion gibt es fundamentalistische Ausprägungen wie Evangelikale und Salafisten. Die Rückwärtsgewandtheit dieser Gruppierungen und deren Skrupellosigkeit stellen eine große Gefahr dar, schließlich gehen sie über Leichen.

Insgesamt ist es doch so, dass „wir" erst einmal vor der eigenen Haustür kehren sollten, schließlich gibt es noch hinreichend Homophobie „deutscher" Bürger und Bürgerinnen: Ein überaus eindrückliches Beispiel dafür bietet der Bund katholischer Ärzte in einer Stellungnahme zu Homosexualität vom Oktober 2013[6]: Demnach birgt Homosexualität die Gefahr von „sittlichem Fehlverhalten", Homosexualität sei „sittlich nicht erlaubt", es sei eine „unnatürliche sexuelle Praktik", man „verführe andere", sie führe zu „Geschlechtskrankheiten" und

zu einer „höheren Suizidneigung". Religiös verbrämte Thera-
peuten wie Christl R. Vonholdt vom „Deutschen Institut für
Jugend und Gesellschaft"[7] und Markus Hoffmann von der
christlichen Organisation „Wüstenstrom", ein ideologischer
Ableger der US-amerikanischen Sekte „Living Waters", bieten
Homosexuellen, die vermeintliche Probleme mit ihrer Homosexualität haben (also nicht mit dem Umgang anderer damit)
an, sie umzupolen zu Heterosexualität. Derartige „reparative
Maßnahmen" lehnt die Deutsche Gesellschaft für Psychiatrie
und Psychotherapie entschieden ab (Stellungnahme vom Juli
2013). Das hält die beiden Quacksalber aber nicht davon ab,
diese Art der Therapie anzubieten. Da bleibt nur noch, den
Kopf vor lauter Erstaunen und Entsetzen zu schütteln – und
sich zu fragen, wo die Leute ihre Approbation herhaben. Und
wieso christlich-fundamentalistische Organisationen wie die
„Offensive Junger Christen" den Bundesfreiwilligendienst und
das Freiwillige Soziale Jahr anbieten dürfen und dafür auch
staatliche Gelder erhalten.

Angesichts dieser Tatsachen muss man sich schon überlegen,
ob es statthaft ist, Migranten in einem Einbürgerungstest zu
fragen, wie sie zu Homosexualität stehen. Das war beispielsweise in Baden-Württemberg der Fall. Auch wenn das derzeit nicht länger praktiziert wird, wird diese Forderung immer
wieder aus der Schublade gezogen: Nämlich dann, wenn es für
Dritte von Vorteil ist, verschiedene gesellschaftliche Gruppen
gegeneinander auszuspielen. Es bleibt die Frage: Wie statthaft
ist es eigentlich, von Migrant_innen etwas einzufordern, was
Teile der hiesigen Bevölkerung nicht erfüllen?

Auch muss man sich fragen, ob es für uns Lesben und
Schwule akzeptabel ist, dafür herzuhalten, die vermeintliche
Toleranz von Zuwander_innen und Fremden zu hinterfragen.
Mit so einer „Gesinnungsfrage" wird den Zuwanderern unter-
stellt, dass sie selbst nicht homosexuell sind und selbstverständ-

lich auch etwas gegen Homosexuelle haben. Sonst hätte man niemals diese Frage aufgenommen. Und Homosexuellen wiederum wird unterstellt, dass sie durch ihre normabweichende Lebensweise die Toleranz von Migrant_innen besonders herausfordern. Und genau diese Gegenüberstellung von einerseits Homosexuellen und andererseits Migrant_innen wird in vielen lesbisch-schwulen Communitys fortgeschrieben – sofern dieses Thema dort überhaupt Gehör findet.

Es gibt aber gute Gründe, sich mit dem Thema Migration auch aus lesbisch-schwuler Sicht auseinanderzusetzen. Die Art und Weise, wie das Thema Homosexuelle und Migration innerhalb der lesbischen und schwulen Communitys aufgegriffen wird, beleuchte ich ebenfalls, und zwar im Kapitel: „Gründe, sich mit Migration zu befassen". Zuvor jedoch werde ich drei gesellschaftspolitische Ansätze im Umgang mit Vielfalt skizzieren: Managing Diversity, Integration und Inklusion. Diese Ansätze sind wegweisend dafür, gesellschaftliche Gruppen nicht länger gegeneinander auszuspielen, sondern stattdessen diskriminierungsfreie Räume zu schaffen, in denen jede_r seine/ihre Persönlichkeit frei entfalten kann.

Dazu ist es notwendig, sich „den Fremden" und „die Fremde" vertraut zu machen. Zentrales Element dieses Buches sind die Erzählungen der Lesben und Schwulen mit einer Migrationsbiografie. Die Erzählungen eröffnen einen Blick in ihre Lebenswelten und die sie prägenden Spannungsverhältnisse. In der Alltagssprache hat sich der Begriff „Migrationshintergrund" etabliert. Ich halte den Begriff zumindest hinsichtlich meiner Absicht, die Lebenswelten der Erzählenden dem/der Leser_in näher zu bringen, für nicht geeignet, denn ich gehe davon aus, dass der Umstand der Migration deren Leben prägt, d.h. ein bedeutsamer Aspekt ihrer Biografie ist. Dennoch nutze ich auch den Begriff „Migrationshintergrund", allerdings meist aus stilistischen Gründen.

Lesben und Schwule haben gute Gründe, sich mit dem Thema auseinanderzusetzen; auf diese gehe ich im entsprechenden Kapitel näher ein. Das, worüber ich im Besonderen reflektiert habe, findet sich dann im Kapitel „Reflexion der Gespräche". Meine Betrachtungen sind durch den Dialog mit anderen Lesben und Schwulen mit Migrationsbiografie, aber auch solchen, die einen geschärften kritischen und intersektionalen Blick auf das Thema haben, genährt, und ich wünsche mir, durch die Veröffentlichungen der Gespräche zum Nachdenken anzuregen.

Abschließend noch einige Bemerkungen zu der von mir verwendeten Schreibweise und einem Adjektiv, mit denen ich Menschen, die über Generationen in einem Land verwurzelt sind, beschreibe: Ich nutze den Unterstrich (zum Beispiel Migrant_innen), um damit das Kontinuum zwischen den Geschlechtsidentitäten weiblich und männlich auch sinnbildlich darzustellen. Um Menschen näher zu beschreiben, die über Generationen in einem Land verwurzelt sind, benutze ich den Begriff „autochthon". Andere Begriffe wie „einheimisch" oder „beheimatet" sind aus meiner Sicht schwierig: Heimat ist unter anderem nach dem Soziologen Georg Simmel konstituierend für eine Gruppenidentität, wobei die Gruppe dieselben kulturellen Werte, Einstellungen und auch denselben geografischen Raum teilt. Heimat steht im Gegensatz zur Fremde. Allerdings ist es doch so, dass sich einige Einheimische in der Heimat fremd fühlen, weil sie deren Werte nicht teilen (zum Beispiel Juden in Deutschland), oder aber vermeintliche Fremde sich in diesem geografischen Raum beheimatet fühlen. Auch können Einheimische sich woanders beheimatet fühlen, „fremde Heimat", beispielsweise deutsche Juden in Israel. Oft ist der Begriff Heimat auch mit einer Abstammungstheorie von „Blut und Boden" verknüpft, was die Nationalsozialisten dann nutzten, um ihre „Rassenideologie" zu belegen und Millionen von Menschen zu vernichten. Die Adjektive „autochthon" zur Beschreibung der einheimischen Bevölkerung und der Gegensatz, „allochthon", zur Beschreibung von Menschen fremder Herkunft, nämlich Wanderer, Migranten. Die Adjektive stammen aus dem Griechischen und werden vor allem in der Ethnologie benutzt, um eine Bevölkerung, die ursprünglich angesiedelt war, von derjenigen zu unterscheiden, die durch politisch-historische Prozesse heimisch geworden sind, beispielsweise Zuwanderer_innen. Da Migrant_innen in eine Gesellschaft migrieren, ist es natürlich notwendig, danach zu schauen, wie Gesellschaft angesichts der Vielfalt gestaltet werden kann. Im nachfolgenden Kapitel gehe ich daher auf vier unterschiedliche Blickweisen und Gestaltungsmöglichkeiten ein.

Constance Ohms

Diversität, Intersektionalität, Integration und Inklusion

Ich begreife Lesben und Schwule als Akteure der Geschichte, als handelnde Menschen, die für ihre Rechte und ihre gesellschaftliche Akzeptanz eintreten. Menschen, die durch ihre Sichtbarkeit zwar verletzbar sind, aber nur dadurch eine gesellschaftliche Veränderung vorantreiben können. Den lesbisch-schwulen Emanzipationsbewegungen ist eine zentrale gesellschaftliche Veränderung zu Hilfe gekommen: Vor allem in nord- und westeuropäischen Ländern haben sich die familiären Gefüge verändert hin zu einer Betonung des_der Einzelnen. Soziologen wie Anthony Giddens und Ulrich Beck bezeichnen diesen gesellschaftlichen Prozess als „Individualisierung". Mit diesem gehe auch eine Pluralisierung der Lebensstile einher und Identitäts- und Sinnstiftung seien nunmehr individuelle Leistungen. Man muss sich also selbst um den Sinn des Lebens kümmern. Rückt der_die Einzelne in den Fokus des Interesses, rücken damit auch seine Bedürfnisse und Besonderheiten ins Zentrum. Der Blick auf den_die Einzelne_n führt schließlich zu der Frage: Was ist notwendig, um ihr_ihm eine gleichberechtigte Teilhabe in der Gesellschaft zu ermöglichen?

Der Blick auf das Individuum beförderte verschiedene Konzepte, die sich mit der gleichberechtigten Teilhabe an gesellschaftlichen Möglichkeiten befassen, Managing Diversity (heute: Diversität/Vielfalt), Intersektionalität, Integration und Inklusion.

Bei *Diversity* geht es vor allem darum, die Verschiedenheit von Menschen sichtbar zu machen und daraus arbeitsmarkt- und gesellschaftspolitische Maßnahmen abzuleiten, die eine diskriminierungsfreie und gleichberechtigte Teilhabe ermöglichen. Es wurden verschiedene gesellschaftlich marginalisierte Gruppen definiert, zum Beispiel Frauen, Lesben und Schwule, Menschen mit Behinderungen, Migrant_innen, junge und alte Menschen. Mittels zahlreicher Instrumente und Strategien sollte die Akzeptanz von Vielfalt gestärkt und so die gleichberechtigte Teilhabe aller sozialen Gruppen befördert werden: Es wurden Diversity Chartas für Unternehmen entwickelt, familienfreundliche Unternehmen zertifiziert, anonymisierte Bewerbungen gefördert usw. Diese Beispiele weisen schon darauf hin, dass sich die meisten Diversity-Maßnahmen auf die Arbeitswelt beziehen. Dem liegt der Gedanke zugrunde, dass Menschen bzw. Organisationen nur dann etwas verändern, wenn sie davon wirtschaftliche Vorteile erwarten können; es geht also um Vielfalt in einer kapitalistischen Wirtschaftsordnung. In großen Unternehmen wie der Deutschen Bank, der Telekom AG, der Commerzbank, der Deutschen Bahn, aber auch an vielen Universitäten usw. ist Diversity inzwischen nahezu eine Selbstverständlichkeit. Es wurden Diversity-Abteilungen eingerichtet, und es haben sich Diversity-Gruppen gebildet. Allerdings sind diese Gruppen in der Regel homogen, d.h. es gibt firmeninterne Gruppen für Frauen, Homosexuelle, Migrant_innen usw. Vielfalt wird letztlich doch wieder in die verschiedenen Diskriminierungsgruppen gesplittet, und so kommt es eher zu einem Nebeneinander als zu einem Miteinander der verschiedenen Diversity-Gruppen; der Querschnitt fehlt. Eine migrantische, lesbische Frau mit Behinderung müsste an wenigstens vier Gruppen teilnehmen, wollte sie ganzheitlich wahrgenommen werden.

Mit der Sichtweise der *Intersektionalität* wird die Zuordnung einzelner Menschen zu *einer* bestimmten Gruppe hinterfragt. Die meisten Menschen bewegen sich in unterschiedlichen gesellschaftlichen Zusammenhängen und können einmal einer bevorzugten Gruppe und ein andermal einer benachteiligten Gruppe angehören. Insofern kann jemand ein heterosexueller Mann, aber auch Migrant und behindert sein. Besonders problematisch wird es dann, wenn jemand mehreren gesellschaftlich benachteiligten Gruppen angehört, zum Beispiel Frau, Migrantin, behindert und lesbisch. Hier muss gefragt werden, wie die Erfahrung unterschiedlicher Ausgrenzungen auf den_die Einzelne_n einwirkt und die Wahrnehmung dessen das Verhalten und das soziale Gefüge beeinflusst. Oder ob die Zugehörigkeit zu einer privilegierten sozialen Gruppe die gleichzeitige Angehörigkeit zu einer diskriminierten Gruppe in irgendeiner Art und Weise beeinflusst oder gar kompensiert. Verstärkende oder abmildernde Dynamiken sind meines Wissens bis dato noch nicht erforscht.

In der Praxis ist es für von Diskriminierung betroffene Menschen schwierig herauszufiltern, aufgrund welchen Merkmals sie benachteiligt, belästigt oder attackiert worden sind: Als Lesbe, als Frau oder als Migrantin? Eine eindeutige Zuordnung kann aber von Bedeutung sein, beispielsweise dann, wenn eine Klage nach dem Allgemeinen Gleichbehandlungsgesetz (2006) erwogen wird. Letztlich muss allerdings gefragt werden, wie sinnvoll es ist, den exakten Diskriminierungstatbestand zu definieren, wenn die betroffene Person verschiedenen Diskriminierungsfaktoren ausgesetzt ist; zumal deren komplexe Wirkungsweisen bis jetzt nicht hinreichend dargestellt werden können. Diskriminierungen wirken in der Regel in ihrer Gesamtheit und nicht einzeln. Und genau deshalb ist es notwendig, die Verflechtungen unterschiedlicher Ausgrenzungsfaktoren aufzuzeigen, schließlich betreffen sie ein und dieselbe Person.

Hat sich die Erkenntnis durchgesetzt, dass Menschen vielfältig sind und daher auch in ihren individuellen Besonderheiten wahrgenommen werden müssen, geht es dann darum, deren gleichberechtigte Teilhabe an gesellschaftlichen Ressourcen zu gewährleisten. Das geschieht derzeit mittels zweier Konzepte: der Integration und der Inklusion.

Das gegenwärtig politisch stark geförderte Konzept der *Inklusion* betrachtet das Individuum und betont dessen gleichberechtigte gesellschaftliche Teilhabe unter Einbezug seiner Verschiedenheit wie Alter, Geschlecht, sozialer oder ethnischer Herkunft, individuellen Fähigkeiten usw. Inklusion ist stark praxisorientiert, weshalb immer wieder debattiert wird, ob es sich dabei um eine (pädagogische) Methode oder eher um eine Ideologie handelt.

Dem gegenüber zielt *Integration* darauf ab, ausgeschlossene Bevölkerungsgruppen in bereits Bestehendes zu integrieren, d.h. es werden Maßnahmen entwickelt und durchgeführt, die es den Menschen (zum Beispiel Behinderte und Migrant_innen) ermöglichen sollen, an der Gesellschaft teilzuhaben. Dabei kann es sich beispielsweise um Sprachkurse für Migrant_innen oder Dolmetscher für Beratungsangebote handeln. Im Blick steht die betreffende Person.

Inklusion wiederum zielt eher auf die Veränderung von Strukturen ab, um den Bedürfnissen des_der Einzelnen gerecht zu werden, d.h. zum Beispiel die gesetzliche Verpflichtung von Unternehmen, Menschen mit Behinderungen einzustellen, die Bereitstellung eines „persönlichen Budgets" für Menschen mit Behinderungen, ein höherer Betreuungsschlüssel für Schüler_innen mit Behinderungen an Regelschulen usw. Seltsamerweise beschränkt sich das Konzept der Inklusion derzeit nur auf Menschen mit Behinderung. Es könnte allerdings, würde es verallgemeinert werden, eine ungeheure Wirkmächtigkeit entfalten. Dem ist aber (noch) nicht so.

Integration und Inklusion sind also zwei unterschiedliche gesellschaftspolitische Konzepte, wobei es bei Integration vor allem
darum geht, dass sich bestimmte Menschen in eine vorgegebene
Gesellschaft integrieren sollen oder müssen, während bei Inklusion diese „Bringschuld" nicht eingefordert wird, sondern eine
Art „Holschuld" konzipiert wird, indem darauf geschaut wird,
wie Strukturen verändert werden müssen, damit Menschen in
ihrer Einzigartigkeit an der Gesellschaft teilnehmen können.

Inklusion führt nicht dazu, zentrale Werte dieser Gesellschaft infrage zu stellen; diese sind im Grundgesetz verankert
und gelten für alle Menschen gleich: die Demokratie als Ge-
sellschaftsform, die Gleichberechtigung von Mann und Frau,
Rede- und Meinungsfreiheit, das Recht auf Bildung usw. Und
genau darum geht es: Welche Strukturen sind notwendig, damit diese Rechte jedem_jeder Einzelnen zugänglich sind? Inklusion handelt nicht vom Scheitern des_der Einzelnen, sondern vom Scheitern der Strukturen.

Mein besonderes Interesse gilt allerdings den Schnittstellen
verschiedener Ausgrenzungsfaktoren und der Frage, wie diese
sich auf die Lebenswelten und -erfahrungen einzelner Personen auswirken. Ich denke, dass man über eine Betrachtung der
Schnittstellen Rückschlüsse auf die Defizite in den Strukturen
ziehen kann. Der Betrachtung der Schnittstellen liegt ein ganz-
heitlicher Blick auf das Individuum zugrunde, von Bedeutung
sind alle Facetten seines_ihres Seins. Und doch muss man ka-
tegorisieren, d.h., sich dessen gewahr sein, dass Ausgrenzungsfaktoren nicht nur einen einzigen Menschen betreffen, sondern
viele Menschen, die dasselbe Merkmal aufweisen; sie unterliegen folglich einer gewissen Verallgemeinerung: Die Notwendigkeit der Verallgemeinerung führt auch zu der Erkenntnis,
dass beispielsweise Fremdenfeindlichkeit nicht notwendigerweise auf eine bestimmte Person bezogen, sondern ein weit ver-
breitetes Phänomen ist – und letztlich auch Menschen treffen

kann, die „ausländisch" aussehen. Dasselbe gilt selbstverständlich auch für Homosexuellenfeindlichkeit; sie kann Menschen treffen, die irgendwie „homosexuell" aussehen, es aber nicht notwendigerweise sind.

In der Gesellschaft gibt es verschiedene „Räume", damit meine ich zum Beispiel die lesbisch-schwule Community. Natürlich stellt sich auch hier die Frage, wie diese der Mehrdimensionalität menschlichen Seins Rechnung trägt; wie also eine gleichberechtigte Teilhabe an Community-Ressourcen für migrantische Lesben und Schwule her- und sichergestellt werden kann. Ich gehe davon aus, dass sich die Strukturen der Communitys ändern müssen, um der Vielfalt Raum zu geben. Dabei gehe ich davon aus, dass die derzeitigen spezifischen subkulturellen Angebote für migrantische Lesben und Schwule dem nicht hinreichend Rechnung tragen, da sie nicht strukturell verankert sind. Sprich, wir müssen viel mehr bewegen. Meine Ausführungen verdeutlichen, dass es mir nicht um Integration geht, sondern um Inklusion. Es ist vielleicht etwas avantgardistisch, aber es wird Zeit, Inklusion als gesamtgesellschaftspolitischen Ansatz zu begreifen und ihn nicht länger auf Menschen mit Behinderungen und Beeinträchtigungen zu begrenzen.

Gründe, sich mit Migration zu befassen

Es gibt zahlreiche gute Gründe, warum sich Lesben und Schwule für das Thema Migration interessieren sollten.

Laut ILGA International ist in 77 Ländern der Welt Homosexualität kriminalisiert, in zehn Ländern kann Homosexualität mit lebenslanger Haft oder dem Tod bestraft werden. Alle 16 Stunden wird ein_e Transgender ermordet.

1988 hatte das Bundesverwaltungsgericht (BVerwG) im Falle einer lesbischen Iranerin entschieden, dass die Ablehnung ihres Asylantrags berechtigt sei, weil „das Asylrecht nicht die Aufgabe hat, möglicherweise gewandelte moralische Anschauungen in der Bundesrepublik über homosexuelles Verhalten in anderen Staaten durchzusetzen"[8]. Ihr sei zuzumuten, ihre sexuelle Orientierung nicht offen leben zu müssen, um einer möglichen Bestrafung (100 Peitschenhiebe, beim dritten Mal der Tod) zu entgehen. Mit dieser Rechtsprechung hatte das Gericht das Menschenrecht, seine_ihre sexuelle Orientierung offen leben zu dürfen, verneint. Aber das war noch vor dem Fall der Mauer, ist also schon etwas länger her.

Man kann sich nicht ewig der Tatsache verschließen, dass Menschen wegen ihrer Liebe zu einem Menschen des gleichen Geschlechts verfolgt und getötet werden. Daher hat der Ministerrat der Europäischen Union 2010 die Mitgliedsstaaten aufgefordert, den Flüchtlingsstatus von Menschen, die eine begründete Furcht vor Verfolgung wegen der sexuellen Ausrichtung oder der Geschlechtsidentität haben, anzuerkennen und Asyl zu gewähren. Homosexuelle werden dabei unter der Rubrik „bestimmte soziale Gruppen" gefasst: Homosexualität könne je nach den Gegebenheiten des Herkunftslandes Grundlage der Zugehörigkeit zu einer „bestimmten sozialen Gruppe" sein, da sie ein angeborenes Merkmal ist, welches derart bedeutsam für die Identität des_der Einzelnen ist, dass man nicht gezwungen werden sollte, darauf zu verzichten. Für die Beurteilung ist auch der Umstand heranzuziehen, ob Homosexuelle in dem Herkunftsland eine deutlich abgegrenzte Gruppe darstellen, die von der Umgebung als „andersartig" erachtet wird. Inzwischen erkennen 23 europäische Länder die Verfolgung wegen Homosexualität an, auch Länder wie Polen und Lettland sind darunter. Drei europäische Länder haben diese Aufforderung allerdings nicht ratifiziert, nämlich das Vereinigte Königreich, Griechenland und Estland. Nur so ist zu erklären, dass im April 2014 einer lesbischen Frau aus Nigeria, die im Vereinigten Königreich Asyl beantragt hatte, die Ausweisung in ihr Herkunftsland drohte, obwohl ihre Lebensgefährtin bereits ermordet und sie zum Tode durch Steinigung verurteilt worden war. Die Krux ist, dass einige Länder immer noch als „sichere Herkunftsländer" gelten, ungeachtet dessen, wie die tatsächliche Lage für Homosexuelle und Trans* dort aussieht.

Der Anteil von Asylsuchenden an den Zuwander_innen ist allerdings gering: Nach OECD-Angaben aus dem Jahr 2013 beträgt der Anteil von Migrant_innen an den Zuwanderern, die aus humanitären Gründen in Deutschland einen Aufenthaltstitel erhalten haben, klägliche 4,9 Prozent. Im Vereinigten Königreich sind es 9,5 Prozent, in Frankreich immerhin 13,8 Prozent.

Die Bundesregierung hat kürzlich entschieden, weitere 10.000 syrische Flüchtlinge aufzunehmen; sie hat also das Aufnahmekontingent verdoppelt. Das syrische Nachbarland Libanon hat mehr als eine Million Flüchtlinge aus Syrien aufgenommen – bei 4,5 Millionen Einwohnern. Deutschland nimmt

also 20.000 syrische Flüchtlinge auf, bei ca. 81 Millionen Einwohnern. Das ist ein humanitäres Desaster.

Nun wissen wir auch von schwulen Männern, die wegen
ihrer Homosexualität bereits in Syrien im Gefängnis saßen
und dort schwer misshandelt worden sind. Jetzt leben sie in
einem Flüchtlingscamp im Libanon und werden dort verge-
waltigt. Oder sie kommen bei Evangelikalen unter, die sie aufnehmen, aber auch gleich von ihrer Homosexualität befreien
wollen (siehe auch: Zeit Magazin vom 30.4.2014). Eine Wahl
haben diese Flüchtlinge nicht. Im Gegensatz zu vielen anderen Flüchtlingen können diese Schwulen nicht in ihr Heimatland zurückkehren, dort droht ihnen der Tod. Und dennoch
gibt es hohe Hürden, die es ihnen erschweren, nach Europa zu
fliehen. Manche von ihnen warten schon seit Jahren darauf, in
Deutschland aufgenommen zu werden.

In nahezu allen europäischen Ländern ist die Verfolgung wegen Homosexualität nun ein Grund, den Betroffenen Asyl zu
gewähren. Die Lebensbedingungen sind in vielen europäischen
Ländern besser als in den riesigen Flüchtlingscamps im Libanon. Das ist unbestritten.

Und dennoch, auch in den Ländern, die der Empfehlung
des Ministerrats folgen und Homosexualität als Asylgrund
anerkennen, sieht es nicht unbedingt rosig aus für Lesben
und Schwule. Da viele Asylsuchende über andere europäische
Länder nach Deutschland kommen, können sie entsprechend
dem Dublin-Abkommen in dasjenige Land zurückgeschickt
werden, in dem sie erstmals europäischen Boden betreten haben. So kann es sein, dass eine Lesbe, ein Schwuler oder ein_e
Trans* nach Bulgarien, Polen, Griechenland, Italien usw. zurück muss. Das sind Länder, in denen vor allem orthodoxe Kirchen (und in Italien die katholische Kirche) noch einen deut-
lichen Einfluss auf die gesellschaftliche Wertebildung haben
und nationalistische, rechtsextreme politische Bewegungen

erstarken. Auch Deutschland tut sich schwer mit lesbischen oder schwulen Asylsuchenden: Derzeit droht einem lesbischen Paar aus Kirgistan, das in Deutschland Asyl beantragt hat, gemäß dem Dublin-Abkommen die Rückführung nach Polen[9]. Es ist relativ unwahrscheinlich, dass Polen die lesbische Orientierung der beiden Frauen als Asylgrund anerkennen wird, auch wenn sie die Empfehlung des Ministerrats unterzeichnet haben. Da ist nicht nur Papier, geduldig; die dortige gesellschaftspolitische Lage von Lesben und Schwulen ist, gelinde gesagt, noch entwicklungsbedürftig. Auch sollten die beiden Frauen anfänglich in getrennten Heimen untergebracht werden, sie wurden nicht als lesbisches Paar angesehen und dementsprechend behandelt. Auch das ist, vorsichtig gesagt, entwicklungsbedürftig. Deutschland ist nicht wirklich darauf vorbereitet, lesbische und schwule Paare, die hier Asyl suchen, angemessen zu behandeln.

Dieses Beispiel zeigt, dass die Überstellung in das Land, in dem Flüchtlinge erstmals europäischen Boden betreten haben, für betroffene Lesben und Schwule ein Risiko darstellt: In Europa gibt es ein Nord-Süd-„Gefälle", d.h. je weiter nördlich das Land, desto größer die Chance, dass Homosexualität problemlos als Asylgrund anerkannt wird. Die meisten Flüchtlinge betreten allerdings eher im südlichen Raum europäischen Boden. Hier ist es ungewiss, ob diese Länder die Verfolgung wegen Homosexualität als Asylgrund anerkennen. Die schwierige Situation der autochthonen Lesben und Schwulen in diesen Ländern zeigt, wie wenig geneigt die Regierungen sind, noch mehr Menschen aufzunehmen, denen sie nur eine geringe Wertschätzung entgegenbringen: Nach einer Untersuchung der Europäischen Menschenrechtsagentur von 2012[10] wagen es 78 Prozent der befragten Lesben und Schwulen in Rumänien nicht, im öffentlichen Raum Händchen zu halten, zu groß wird von ihnen die Gefahr eingeschätzt, belästigt oder misshandelt

zu werden. Desgleichen gilt für 76 Prozent der befragten zyp-
riotischen Lesben und Schwulen, 75 Prozent der in Bulgarien,
73 Prozent der in Ungarn, 66 Prozent der in Polen lebenden, 61
Prozent der in Frankreich oder in Italien lebenden Lesben und
Schwulen. Deutschland ist trotz der geschilderten Problematik
demgegenüber fast ein Paradies, obgleich es immerhin noch 39
Prozent der Lesben und Schwulen aus Angst vor Diskriminierung und Gewalt vermeiden, im öffentlichen Raum Händchen
zu halten.

Die Sorge um Leib und Leben wegen der Homosexualität
ist nicht der alleinige Grund zu migrieren. Alltägliche Diskriminierungen am Arbeitsplatz, im Gesundheitswesen, im
Rechtswesen, im öffentlichen Raum usw. stellen ebenfalls
Menschenrechtsverletzungen dar, die dazu führen können, dass
Menschen sich entscheiden, ihre Herkunftsländer zu verlassen.
Und schließlich möchten viele Migrant_innen, auch Lesben
und Schwule, schlichtweg bessere wirtschaftliche Lebensbedingungen, als sie sie im Herkunftsland vorfinden. Keiner dieser Gründe ist verwerflich.

Es gibt einen weiteren Grund, warum Lesben und Schwule
sich für das Thema Migration interessieren sollten, nämlich die
„Globalisierung": Globalisierung bedeutet, dass die Welt zu-
sammenrückt. Wirtschaft, Politik, Kultur, Kommunikation, all
das sind Bereiche, die international derart eng verflochten sind,
dass lokale politische, wirtschaftliche und soziale Entscheidun-
gen Auswirkungen auf andere Länder haben können. Und andere Länder wiederum können Einfluss nehmen auf die wirtschaftliche, politische und soziale Entwicklung eines Landes.
Menschenrechte sind ubiquitär. Und Homorechte sind Menschenrechte. Deshalb ist es auch für die deutschen LSBTIQ[11]-
Communitys von Bedeutung, wenn in Russland gegen Lesben
und Schwule gehetzt wird und die dort lebenden Homosexuellen der Wut des Mobs und der staatlichen Willkür ausgeliefert

sind. Es sollte die deutschen LSBTIQ-Communitys interessieren, wenn Deutschland Wirtschaftsabkommen mit Ländern schließt, die Menschenrechte verletzen. Es sollte die LSBTIQ-Communitys interessieren, wenn Deutschland Länder hofiert, in denen Homosexuelle zum Tode verurteilt und gesteinigt oder gehenkt werden. Denn das sagt letztendlich mehr über Deutschland und seine Interessen aus als über die Länder, die Homorechte mit Füßen treten.

Globalisierung bedeutet aber auch eine Internationalisierung der heimischen Bevölkerung, so leben in Frankfurt am Main Menschen aus mehr als 170 Nationen. Dass das Zusammenleben nicht immer konfliktfrei ist, kann als gesetzt angenommen werden. Und dennoch gilt es, Räume zu schaffen, die frei von Diskriminierung sind und in denen jeder Mensch seine Persönlichkeit frei entfalten kann, sofern dabei andere Menschen nicht verletzt oder diskriminiert werden. Dazu bedarf es geeigneter Strukturen, aber auch der individuellen Offenheit für die Lebenssituation anderer Menschen.

Die LSBTIQ-Communitys sind, soziologisch betrachtet, eine „Subkultur", d.h. sie unterscheiden sich deutlich von zentralen Normen und der Kultur der vorherrschenden Kultur. Diese Abgrenzung trifft sicherlich auf die sexuelle Präferenz zu, die wiederum an bestimmte Vorstellungen von Geschlecht und Geschlechtsidentität geknüpft ist. Allerdings gibt es auch sehr viele Überschneidungen mit den Werten und der Kultur des Mainstreams, so können beispielsweise einige Schwule der Emanzipation von Frauen nichts abgewinnen, einige Lesben haben Vorbehalte gegenüber Langzeitarbeitslosen und beide gegenüber bestimmten Migrant_innengruppen und Asylsuchenden. Die Überschneidungen mit dem Mainstream lassen sich dadurch erklären, dass vor allem der bürgerliche Teil der deutschen Lesben- und Schwulenbewegungen an politischer Gestaltungsmacht gewonnen hat. Die bürgerliche Emanzipationsbewegung ist vor allem von nicht-behinderten, autochthon-deutschen Männern aus der Mittelschicht geprägt. Und weil man bestimmte Werte und Vorbehalte teilt, ist es überhaupt erst möglich, gesellschaftliche Gruppen gegeneinander auszuspielen: D.h., die Offenheit und Toleranz der deutschen Gesellschaft anhand der Haltung von Migrant_innen zu Homosexualität zu prüfen, wird von vielen Lesben und Schwulen als gut befunden. Dabei ist es ihnen reichlich egal, ob die eingeforderte Toleranz auch von denjenigen gelebt wird, die diese einfordern.

Abschließend möchte ich noch auf einen weiteren Grund hinweisen, sich mit dem Thema Migration auseinanderzusetzen: Lesben und Schwule mit einer Migrationsbiografie leben bereits hier. Sie sind unter uns. Und sie sind annähernd unsichtbar. Das kann daran liegen, dass sie in der lesbisch-schwulen Community kaum wahrgenommen werden oder aber dass sie dort gar nicht auftauchen; und schließlich kann es auch sein, dass sie dort auch gar nicht sein wollen. Mich irritiert das. Und da komme ich auf das gesellschaftspolitische Konzept der Inklusion zurück: Welche Strukturen müssen geschaffen werden, damit Lesben und Schwule mit einer Migrationsbiografie gleichberechtigt an den Angeboten der Communitys teilhaben können?

Nun ist es nicht so, dass es innerhalb der lesbisch-schwulen Communitys keinen Diskurs zu Migration gäbe. Die Frage ist jedoch, ob und wie dieser Diskurs hilfreich ist, wenn es darum geht, migrantische Lesben und Schwule in die Communitys zu „inkludieren". Deshalb stelle ich die verschiedenen Diskussionsstränge, wie sie in den lesbisch-schwulen Communitys geführt werden, im nachfolgenden Kapitel etwas näher dar.

Lesben, Schwule, Migration

Ich denke, es ist unbestritten, dass es auch innerhalb der lesbischen und schwulen Communitys Ein- und Ausgrenzungen gibt, die durch das Alleinstellungsmerkmal, nämlich die Homosexualität, entstehen. Die daraus resultierenden Ausgrenzungen sind grundsätzlicher Art, denn das Sein eines jeden Menschen ist geprägt von vielen Aspekten, zum Beispiel gesundheitlichen Merkmalen (Behinderung, chronische Erkrankung), Herkunft, Kultur, sozialem Status usw. Das Problem dabei ist, dass die Offenheit für die Verschiedenheiten von Lesben, Schwulen und Trans* nicht strukturell in den Communitys verankert ist. Eine Begegnung mit Vielfalt kann nur aktiv eingefordert oder initiiert werden, selbstverständlich ist sie nicht. Hier ist noch viel Arbeit zu leisten.

Betrachtet man die Angebote und Veröffentlichungen zu Migration und Homosexualität, kann man zwei Herangehensweisen erkennen: Der eine Ansatz befasst sich mit Lesben und Schwulen, die in unterschiedlichen Welten leben müssen oder wollen – nämlich Lesben und Schwule mit einer Migrationsbiografie. Der andere Ansatz befasst sich mit Migrant_innen als Täter_innen homophober Übergriffe bzw. mit der Homophobie von Migrant_innen. Während also der erste Ansatz Homosexualität und Migration zusammenbringt, trennt der zweite Ansatz diese beiden „Welten" und stellt sie sogar gegeneinander.

Zunächst möchte ich den ersten Ansatz zu migrantischen Lesben und Schwulen skizzieren:

Dieser Ansatz findet sich vor allem in den Diskursen zu Mehr-fachdiskriminierung und Intersektionalität. Zielgruppenspezi-fische Angebote beziehen sich dabei vor allem auf die Erfah-rung von Diskriminierung und Ausgrenzung und zielen sowohl auf die Selbstermächtigung der „Betroffenen" als auch auf die LSBTIQ-Communitys, um diese für die Vielfalt von Lebens-entwürfen und Lebensweisen zu sensibilisieren. Der Umstand, dass migrantische Lesben, Schwule und Trans* Diskriminierung erleben, ist wenig erforscht[12], wobei beispielsweise die Studie des LSVD die Lebenswelten lesbischer und schwuler Migrant_in-nen als „Spagat zwischen unterschiedlichen Subkulturen mit unvereinbaren Wertesystemen" beschreibt und Lebensentwür-fe, die unter diesen Bedingungen „gelingen", als „fruchtbar für die allgemeine Stress- und Identitätsforschung" ansieht (LSVD, 2010:7). Grundannahme ist, dass Menschen, die einer gesell-schaftlichen Minderheit angehören, einem zusätzlichen Stress ausgesetzt sind und dieser belastend auf die Lebenssituation und Lebensbewältigung wirken kann (der sogenannte Minoritäten-stress). Die LSVD-Studie kommt zu dem Schluss, dass es einen Zusammenhang zwischen Integration, der Wahrnehmung von Unterstützungsangeboten und dem Selbstwert gibt. Je größer al-lerdings der Einfluss von Religion auf den_die Einzelne ist, desto geringer ist der Selbstwert als Lesbe oder Schwuler.

Die Berliner Studie von LesMigraS weist darauf hin, dass besonders die Angebote für Lesben und Schwule im urba-nen Raum notwendig sind, um „Freiräume für Menschen mit nicht-normativen (sexuellen) Praxen und Genderidentitäten zu öffnen" (LesMigraS, 2012: 202). Diese Freiräume sind aller-dings nicht offen für alle; so berichten migrantische Lesben, Schwule und Trans* von rassistischen Übergriffen in eben die-sen Freiräumen. LesMigraS zieht daraus den Schluss, dass „ge-schlossene Räume" notwendig sind, in denen sich Menschen mit Mehrfachdiskriminierung austauschen können.

Solche „geschlossenen Räume" werden inzwischen vielerorts von den LSBTIQ-Communitys angeboten; so wurde beispielsweise bereits 1997 in Berlin GLADT gegründet, eine Selbstorganisation türkischstämmiger Lesben, Schwuler und Trans*. Inzwischen können auch andere migrantische Lesben und Schwule die Angebote des Vereins nutzen. 1999 hatte sich in der Berliner Lesbenberatung das Projekt LesMigraS gegründet, dessen Schwerpunkt die Antidiskriminierungs- und Antigewaltarbeit für Migrantinnen, schwarze Lesben und Trans* ist. 1999 wurde auch in Frankfurt am Main eine Gruppe für „Frauenliebende Migrantinnen und Flüchtlingsfrauen sowie deren Freundinnen", NAHAL, gegründet, die sich in der deutsch-iranischen Beratungsstelle trifft. 2005 wurde in Köln „baraka" gegründet, ein offener Treff für „Menschen mit Zuwanderungsgeschichte und LSBT-Hintergrund". Auch das SUB in München bietet gegenwärtig interkulturelle Gruppen an, ebenso das PLUS in Mannheim, „Vielfalt verbindet", in denen auch der Rassismus innerhalb der Communitys thematisiert wird.

Diese Beispiele aus den LSBTIQ-Communitys zeigen, dass sich im Rahmen der Debatte um Vielfalt und Diversität viel bewegt und ein stärkeres Bewusstsein für die Vielfalt lesbischen, schwulen und trans* Lebens entstanden ist. In einigen Städten gibt es noch selbstorganisierte Gruppen wie EREMIS, in der sich griechischstämmige Lesben und Schwule treffen. Diese Gruppe ist von der Nationalität her homogen. Gruppen, in denen die unterschiedlichen Migrationsbiografien im Vordergrund stehen, sind dagegen seltener. Wenn, dann finden sie sich vor allem in Großstädten wie Berlin, Köln und München. Mannheim bildet eine Ausnahme, die auf ein engagiertes Team bei PLUS zurückzuführen ist. Aber von anderen Städten wie Hamburg oder ostdeutschen Großstädten wie Leipzig oder Dresden sind mir solche Gruppen nicht bekannt. Geschweige denn vom ländlichen Raum.

Es ist nicht so, dass noch nie Debatten um Diskriminierungen und Ausgrenzungen unter Lesben und Schwulen stattgefunden hätten: All jene, die schon lange das Lesbenfrühlingstreffen (LFT) besuchen oder einmal besucht haben, erinnern sich an die lebhaften und zugleich zähen Debatten um Ausgrenzungen, Behindertenfeindlichkeit, Rassismus, Dickenfeindlichkeit und vieles mehr. Diese Diskussionen schlugen sich dann auch in den Mottos verschiedener Lesbenfrühlingstreffen nieder: So war das Motto des LFT 1990 in Bochum „Konsequent (un)einig – laute(r) Lesben", und 1995 hieß das Motto: „Coming home – agree to differ". Und in Hessen hatte 2001 ein vom Netzwerk „Hessisch Lesbisch" organisierter Fachtag zu Ausgrenzungen und Diskriminierungen innerhalb lesbischer Communitys stattgefunden.

Neben den oben angeführten Untersuchungen zu Lebenssituation und Diskriminierungserfahrungen von Lesben, Schwulen und Trans* von LesMigraS und dem LSVD gab es weitere Veröffentlichungen, die sich mit Aspekten der spezifischen Lebenswelten von Lesben und Schwulen mit Migrationsbiografie auseinandergesetzt haben: Die Soziologen Michael Bochow und Rainer Marbach haben 2003 ihr Kompendium zur Konstruktion von Männlichkeit unter türkisch-, kurdisch- und arabischstämmigen Migranten in Deutschland herausgegeben. Die Kölner Gruppe „baraka" veröffentlichte 2011 Biografien lesbischer, schwuler und transidentischer Migrant_innen. 2012 ist von dem Soziologen und Migrationsforscher Çetin Zülfukar eine Auseinandersetzung mit Homophobie und Islamophobie am Beispiel binationaler Paare erschienen, nur um einige Publikationen zu nennen. Noch ist die Anzahl der Veröffentlichungen zu diesem Thema überschaubar, hier gibt es noch eine Menge Spielraum für Forschungen und Diskussionen.

Festgehalten werden kann, dass zwar das Thema Ein- und Ausgrenzungen innerhalb der lesbischen und schwulen Communitys immer wieder aufgegriffen wird, aber das Thema Migration in seiner Tiefe beileibe noch nicht hinreichend erforscht und diskutiert ist.

Der Autor Wenzel Bilger (2012) geht in seiner Veröffentlichung „Der postethnische Homosexuelle" hingegen davon aus, dass sich in einigen Städten bereits eine eigene Subkultur entwickelt hat, die unabhängig von der LSBTIQ-Subkultur betrachtet werden muss. Wenn dem tatsächlich so ist, bedeutet das letztendlich, dass sich nicht alle migrantischen Lesben und Schwule von den Angeboten der Communitys angesprochen fühlen und folglich eigene Räume öffnen. Diese lesbisch-schwule „Parallelkultur" wäre analog zu der migrantischen Parallelkultur, oder besser zu den Diaspora-Gemeinschaften, zu betrachten: Sie wäre ein Zeichen fehlender oder fehlerhafter Integrationsarbeit.

Die Lebenserfahrungen von Lesben und Schwulen mit Migrationsbiografie sind vielen autochthon-Deutschen fremd. Aber genau diese Fremdheit zu überwinden und das uns Vertraute zu erkennen, ermöglicht es uns, migrantischen Lesben und Schwulen mit Achtsamkeit und Offenheit zu begegnen. Die nachfolgenden Erzählungen eröffnen dem_der Leser_in die Möglichkeit, Vertrautes wiederzuerkennen: Das schwierige Coming-out gegenüber der Herkunftsfamilie, die Sorge, von den Eltern nicht mehr geliebt zu werden, von der Familie zurückgewiesen zu werden, die unerfüllten Hoffnungen der Eltern, deren Erwartungen an ihre Kinder usw. Es ist aber auch wichtig, die Besonderheiten wahrzunehmen, wenn ein Mensch einen Spagat zwischen zwei Welten, die ihm lieb und teuer sind, zu vollbringen hat – und manchmal auch daran scheitert. Die Besonderheiten entstehen durch die Verknüpfung unterschiedlicher Diskriminierungsfaktoren, die an einem Punkt zusammenkommen, zum Beispiel Migration (Fremdenfeindlichkeit und Rassismus) und Geschlechtsrollenerwartungen (Sexismus).

Auch wenn ich meinen (kritischen) Blick vor allem auf die
einheimischen LSBTIQ-Communitys richte und der Auffassung bin, dass der Blick in andere Länder dazu beiträgt, die
Opferwerdung ins kollektive Bewusstsein einzuschreiben, bedeutet das nicht, sich der Situation von Lesben und Schwulen
in anderen Ländern zu verschließen. Es ist überaus wichtig, sich
mit internationalen Entwicklungen und der politischen/recht-
lichen Verfolgung wegen Homosexualität in anderen Ländern
zu befassen. Es ist wichtig zu verstehen, dass die Missionie-
rungswelle und der große politische Einfluss der Anglikaner
in afrikanischen Staaten zu Verschärfungen des Strafrechts be-
züglich Homosexualität geführt haben und noch führen. Es ist
wichtig wahrzunehmen, wie sehr sich die Menschenrechtslage
für Homosexuelle in Russland verschlechtert hat. Es ist wichtig
mitzubekommen, dass sich die Republikaner in Texas für Konversionstherapien aussprechen. Und weil die Lebenssituation
von Lesben, Schwulen und Trans* in anderen Ländern teilweise
prekär bis lebensbedrohlich ist, ist es zentral zu begreifen, dass
die Verfolgung wegen Homosexualität ein Asylgrund sein muss
und ist. Daher ist es auch überaus bedeutsam zu sehen, dass das
deutsche Asylsystem nicht sensibilisiert ist für lesbische oder
schwule Asylsuchende – und homosexuelle Asylsuchende gegebenenfalls langjährigen Haftstrafen oder gar der Todesstrafe
aussetzt, wenn ihre Beweggründe, das Herkunftsland zu verlassen, nicht anerkannt werden. Menschen Asyl zu gewähren, die
wegen ihrer Homosexualität verfolgt werden, ist ein grandioser
politischer Akt, signalisiert er doch diesen Ländern, dass deren
Menschenrechtsverletzungen nicht hingenommen werden.
    Aber die Diskussionen dürfen da nicht stehenbleiben, viel-
mehr ist es notwendig, auch die Ein- und Ausgrenzungen innerhalb der lesbisch-schwulen Communitys zu reflektieren.
Die zentrale Frage ist, wie verbindend und verbindlich das
Diskriminierungsmerkmal Homosexualität eigentlich ist. Ge-

nügt *eine* Gemeinsamkeit, um all jene, die diese Gemeinsamkeit teilen, zu einen? Können wir alle uns in diesem Merkmal hinreichend wiederfinden?

Ich denke nicht. Ich gehe vielmehr davon aus, dass die Beschränkung auf *ein* Diskriminierungsmerkmal dazu führt, Menschen, die zwar auch homosexuell sind, sich aber in vielen anderen Lebensbezügen bewegen, auszugrenzen. Diese Ausgrenzungen sind grundsätzlicher Art, denn sie betreffen zentrale Aspekte eines_einer jeden Einzelnen: Gesundheit (Behinderung, chronische Erkrankung), Herkunft, Kultur, sozialer Status, Erwerbstätigkeit usw. So gesehen gibt es auch nicht „die Türken", „die Polen", „die Roma" oder „die Hartz-IV-Empfänger" – und eben auch nicht „die Homosexuellen".

Betrachtet man allerdings die LSBTIQ-Communitys, wird deutlich, dass es nur wenige Nischen gibt, in denen homosexuelle Menschen in ihrer Vielfalt Raum finden, zum Beispiel in Gruppen für behinderte Lesben, Gruppen für schwule Alkoholiker und eben Gruppen für LSBTIQ mit Migrationshintergrund. Das Problem dabei ist, dass die Offenheit für die Verschiedenheiten von Lesben, Schwulen und Trans* nicht *strukturell* in den Communitys verankert ist. Besonders der Ansatz von Inklusion zeigt, dass vor allem strukturelle Maßnahmen notwendig sind, um eine gleichberechtigte Teilhabe zu ermöglichen.

Nun möchte ich kurz auf den zweiten Diskussionsstrang eingehen, der als „Homophobie-Diskurs" oder „Gewalt-Diskurs" charakterisiert werden kann. Im Vordergrund steht die „problematische Beziehung zwischen Schwulen und Lesben einerseits und meist jugendlichen männlichen Angehörigen der muslimischen Migranten-Community andererseits."[13] D.h., dass sich Homosexuelle als Opfer homophober Gewalt, die vor allem von männlichen, muslimischen Migranten ausgeht, erleben. Verschiedene Untersuchungen, die sich mit den Gewalterfahrungen von Lesben und Schwulen befassen, bestärken diese Wahrnehmung: So beschreibt zum Beispiel eine Untersuchung des Berliner schwulen Antigewaltprojekts MANEO die Täter schwulenfeindlicher Gewalt als junge Männer, die dem Opfer meist unbekannt und nicht-deutscher Herkunft sind: Berlin 55 Prozent der 2.140 Fälle, Hessen 47 Prozent der 1.191 Befragten, Hamburg 52 Prozent der 776 Fälle und deutschlandweit durchschnittlich 38,4 Prozent der insgesamt 15.628 dokumentierten Fälle (MANEO Umfrage 2 2007/2008, Materialband: 109). Nach einer Studie des Sozialpsychologen Bernd Simon, Universität Kiel (2008), weisen Jugendliche mit Migrationshintergrund stärker ausgeprägte homosexuellenfeindliche Einstellungen auf als Jugendliche ohne Migrationshintergrund.

Dem Umstand, dass Migranten gemessen an der Gesamtbevölkerung offenbar mehr homophobe Gewalttaten verüben als autochthone Deutsche, wird mit verschiedenen Projekten Rechnung getragen, die vor allem von lesbisch-schwulen Bildungsträgern ins Leben gerufen worden sind. So gibt es Patenprogramme für Jugendliche mit Migrationshintergrund, deutsch-türkische Fußballturniere, Bildungsprojekte in Schulen mit hohem Anteil von Schüler_innen mit Migrationshintergrund usw. Sie alle zielen darauf ab, Vorurteile abzubauen und der homosexuellen- und transfeindlichen Gewalt entgegenzuwirken.

Ich möchte hier jedoch kritisch anmerken, dass die verstärkt wahrgenommene Opferwerdung durch – meist männliche, jugendliche – Migranten auch dazu beiträgt, die kollektive Selbstwahrnehmung als Opfer von Diskriminierung und Gewalt tief in das Selbstverständnis der LSBTIQ-Communitys einzuschreiben. Infolgedessen werden die innerhalb der Subkulturen verübten Ausgrenzungen und Diskriminierungen als nicht bedeutend bzw. als nicht diskussionswürdig wahrgenommen. Die Gewalterfahrungen jedes einzelnen Menschen dürfen nicht bagatellisiert werden. Die Opferwerdung sollte aber auch kein Wesenszug werden, der eine bestimmte Bevölkerungsgruppe definiert: Man kann zu einem Opfer *werden*, man muss aber keines *sein*.

Das Thema dieses Buchs knüpft an den ersten Diskussionsstrang an und befasst sich mit den Biografien migrantischer Lesben und Schwulen, deren Lebensgeschichten, deren Coming-outs und auch deren Erwartungen und Hoffnungen an die lesbisch-schwulen Communitys. Deshalb habe ich mich zuerst mit unterschiedlichen Konzepten befasst, die „Vielfalt" aufgreifen, nämlich Diversity, Intersektionalität, Integration und Inklusion.

Meines Erachtens ist es nicht sinnvoll, verschiedene Diskriminierungsmerkmale zu addieren, als wären sie mit einer einfachen mathematischen Gleichung darstellbar. Vielmehr wirken sie gemeinsam und prägen die Biografie eines Menschen, eins und eins können auch drei oder auch eins sein. Deshalb liegt mein besonderes Augenmerk auf den Schnittstellen verschiedener Diskriminierungen. Die Betrachtung von Schnittstellen führt konsequenterweise zu dem methodischen bzw. gesellschaftspolitischen Ansatz der Inklusion, da dieser darauf abzielt, gesellschaftliche und subkulturelle Strukturen zu ändern und so der Vielfalt menschlichen Lebens Raum zu geben. Zentral ist hierbei die gleichberechtigte Teilhabe an gesellschaftlichen Ressourcen. Aber strukturelle Veränderungen können nur dann wirken, wenn die sich darin bewegenden Menschen angesprochen werden und eine Offenheit für Vielfalt entsteht.

Doch bevor wir zu den Erzählungen kommen, möchte ich noch etwas näher auf „Intersektionalität" eingehen, d.h. auf die Betrachtung der Schnittstellen. Diese Betrachtungsweise ist auch in Deutschland nicht neu, wie der_die Leser_in gleich feststellen wird. Es hieß nur nicht so. Ich bitte also den_die Leser_in noch um etwas Geduld.

Der Blick auf die Schnittstellen: Intersektionalität

Die Beschreibung des Zusammenwirkens unterschiedlicher Diskriminierungen als *Intersektionalität* stammt aus den USA und ist eng verknüpft mit der politischen Bewegung schwarzer Frauen, die den Mainstream-Feminismus als auf weiße Frauen aus der Mittelschicht ausgerichtet kritisierten. Schwarze Frauen verdeutlichten die Verwobenheit von Klasse, „Rasse" (Ethnizität) und Geschlecht, die in der Eindimensionalität des vorherrschenden Feminismus ausgeklammert wurde. Es geht vorrangig um Ein- und Ausschlüsse und darum, die Wechselwirkungen bzw. Verwobenheiten unterschiedlicher Diskriminierungserfahrungen auf den_die Einzelne zu beschreiben.

Intersektionalität hat auch eine deutsche Geschichte, die Mitte der achtziger Jahre des vergangenen Jahrhunderts begann: Die schwarze, lesbische Aktivistin Audre Lorde bestärkte schwarze deutsche Frauen darin, *sich* zu sehen und den hiesigen Feminismus auf Ausschlüsse zu untersuchen und zu kritisieren. Mit dem Buch *Farbe bekennen* (1986) von Katharina Oguntoye, May Opitz (später May Ayim) und Dagmar Schulz wurde der Finger in die Wunde des damaligen Feminismus gelegt. In den neunziger Jahren folgten Veröffentlichungen von May Ayim[14] und Ika Hügel-Marschall[15], die auf die besondere Lebenssituation schwarzer Frauen in Deutschland aufmerksam machten. Die erste konkrete Veröffentlichung mit klarem Bezug zu Intersektionalität war 1993 das Buch *Entfernte Verbindungen* von Ika Hügel, Chris Lange, May Ayim, Ilona Bubeck, Gülsen

Aktaş und Dagmar Schulz, in dem Kategorien von Intersektionalität aufgegriffen worden sind: Rassismus, Antisemitismus und Klassenunterdrückung. Antisemitismus als Strukturkategorie kann durchaus als deutsche Facette des Diskurses um Intersektionalität begriffen werden. Allerdings hat sie sich nicht durchgesetzt.

Es gibt zahlreiche Diskussionen darüber, ob die Strukturkategorien Klasse, „Rasse"[16] und Geschlecht hinreichend sind oder aber ergänzt werden müssen, wie zum Beispiel um Körper, Geschlechtsidentität oder sexuelle Orientierung. Pionierinnen wie Heike Raab[17] haben bereits 2007 versucht, mehrere strukturelle Dimensionen zu verknüpfen.

Mit einem intersektionalen Ansatz versucht man, Ungleichheitsverhältnisse zu beschreiben, die gleichzeitig auftreten und miteinander verwoben sind, sowie die damit einhergehenden Herrschaftsverhältnisse und Machtunterschiede, die die Ungleichheit konstituieren, aber auch aus ihr heraus entstehen.

Es stellt sich die Frage, wie die Verschränkungen der verschiedenen Diskriminierungserfahrungen überhaupt analysiert werden können bzw. welche Betrachtungsebenen zum Tragen kommen müssen.

Dabei wird in der Regel auf drei Ebenen zurückgegriffen, die auch aus der Frauenforschung bekannt sind:

Die *strukturelle* Ebene, d.h. gesellschaftliche Struktur einschließlich Organisationen und Institutionen (hier geht es im Kern um Herrschaftsverhältnisse und Machdifferenzen).

Die *individuelle* Ebene bzw. Prozesse der Identitätsbildung (vielfältige Identitätskonstruktionen).

Die Ebene der *symbolischen Repräsentanz* (Normen und Werte).

Zur Erläuterung dieser drei Ebenen möchte ich ein Beispiel aus der Frauen- bzw. Geschlechterforschung heranziehen: Auf der strukturellen Ebene werden die nach wie vor vorhandene signifikante Ungleichheit zwischen Männern und Frauen auf dem Arbeitsmarkt und die sie konstituierenden Herrschaftsverhältnisse analysiert: Geringerer Lohn und der ungleiche Zugang zum Arbeitsmarkt haben nicht nur wirtschaftliche Folgen, sondern auch Auswirkungen auf Partnerschaften. Frauen ziehen sich beispielsweise auf Mutterschaft als zentralen Aspekt ihrer Selbstverwirklichung zurück und überlassen die Versorgung der Familie dem Partner; zugleich wird Mutterschaft auf der symbolischen Ebene positiv besetzt und „Frau und Mutter" werden miteinander verschmolzen. Frauen, die von dieser Norm abweichen, werden abgewertet, beispielsweise indem ihnen vorgeworfen wird, nichts zur Zukunftssicherung dieser Nation beizutragen.

Auch wenn die Geschlechterforschung hier recht weit gekommen ist, ist es dennoch schwierig, die Verschränkungen dieser Ebenen sinnvoll aufzuzeigen. Und hierbei handelt es sich nur um *eine* Strukturkategorie (Geschlecht). Was aber, wenn es sich a) um verschiedene Strukturkategorien handelt, zum Beispiel Heteronormativität und Körper, und wenn b) diese Verschränkungen auf allen drei Ebenen (strukturelle Ebene, individuelle Ebene, Ebene der symbolischen Repräsentanz) dargestellt werden sollen? Im Großen und Ganzen kann man sagen, dass das bis heute noch nicht wirklich gelungen ist (siehe auch Winkler/Degele (2009: 23)). Die meisten Studien beziehen sich nur auf eine Ebene; einige wenige versuchen, zwei Ebenen miteinander zu verknüpfen, und an dreien scheitern sie derweil alle. Auch werden die unterschiedlichen Diskriminierungserfahrungen meist in einem additiven Verhältnis dargestellt; deren Verschränkungen sind sehr schwer zu fassen.

Wichtig ist mir zu verdeutlichen, dass mit dem Augenmerk auf die Verwobenheiten verschiedener Diskriminierungen die Frage nach Ungleichheitsverhältnissen und die damit einhergehenden Machtunterschiede und Herrschaftsverhältnisse in den Blick geraten. Das halte ich für wesentlich.

Die biografischen Erzählungen ermöglichen einen sehr persönlichen Einblick in die Verschränkungen verschiedener Ungleichheitserfahrungen und wie diese strukturell, individuell und auf der Ebene der symbolischen Repräsentanz getragen werden bzw. dort wirken. Die Erzählungen stammen von Lesben und Schwulen mit Migrationsbiografie, d.h. es ist von wenigstens drei Ungleichheitsebenen auszugehen, die in den Strukturkategorien Rassismus/Fremdenfeindlichkeit, Heteronormativität und Sexismus gefasst werden können. Eine weitere Strukturkategorie ist Antisemitismus, den ich wegen seiner inhärenten Biologisierung dem Rassismus zuordne.

Es würde allerdings weit über die Absicht dieses Buches hinausgehen, einen wissenschaftlichen Beitrag zum Diskurs zur Intersektionalität zu leisten. Im Vordergrund steht vielmehr, eine Sensibilität für die Verschränkungen verschiedener Ungleichheitsebenen zu befördern. Die Erkenntnisse können Hinweise darauf geben, wie Strukturen beschaffen sein müssen, um migrantischen Lesben und Schwulen eine gleichberechtigte Teilhabe zu ermöglichen.

Gespräche mit Lesben und Schwulen mit Migrationsbiografie

Die nachfolgenden Erzählungen geben einen Einblick in die Lebensgeschichte von Menschen, die eine Migrationsbiografie haben und sich als homosexuell definieren. Die Auswahl der Gespräche hing schlichtweg davon ab, welche Menschen mit mir gesprochen haben. Die Gesprächspartner_innen haben sich als schwul oder lesbisch definiert; es hat sich keine Trans*Person mit einer Migrationsbiografie gefunden. Ungeachtet dessen können die lesbisch-schwulen Communitys nicht länger als solche beschrieben werden, haben sie sich doch meist geöffnet für unterschiedliche geschlechtliche Identitäten und sexuelle Orientierungen: LSBTIQ.

Meine Gesprächspartner_innen stammen aus Osteuropa, Israel, Russland, Türkei, dem Iran und Burundi. Nach dem aktuellen Migrationsbericht der Bundesregierung[18] stammen vier Fünftel der Zuwander_innen aus einem anderen europäischen Staat, wobei zwei Drittel der Zuzüge Männer sind. Aber das ist nur eine Randbemerkung. Die Hauptherkunftsländer sind Polen, Rumänien, Bulgarien, Ungarn, ehemaliges Jugoslawien, nach wie vor auch die Türkei (vor allem in Folge des Familiennachzugs) und Russland, wobei sich der Zuzug aus Russland deutlich verringert hat. Ozeanien, Lateinamerika, Asien und Afrika fallen bei den Zuzügen kaum ins Gewicht. Es kommt also nicht von ungefähr, dass die meisten Gesprächspartner_innen eine Migrationsbiografie aus einem europäischen Staat aufweisen. Viele von ihnen sind hier geboren; ihre Eltern oder ihre Großeltern waren zugezogen. Andere wiederum sind aus unterschiedlichen Gründen nach Deutschland gekommen. Die hier vorhandene Auswahl der Gesprächspartner_innen kann die Vielfalt unterschiedlicher Migrationsbiografien nicht hinreichend widerspiegeln; die nachfolgende Reflexion erhebt daher auch nicht den Anspruch auf Allgemeingültigkeit.

Der jüngste Interviewte war 17 Jahre alt, der älteste 47 Jahre. Es haben sich mehr Männer als Frauen gefunden, mit mir zu sprechen. Die meisten Interviewpartner_innen fühlen sich in Deutschland zu Hause, einige fühlen sich jedoch fremd, obgleich sie hier geboren und aufgewachsen sind. Die Interviews dauerten durchschnittlich eineinhalb Stunden und wurden anschließend verschriftlicht. Die Transskripte wurden dann verdichtet und stilistisch so bearbeitet, dass sie als Erzählungen lesbar sind. Die Interviews wurden zum Schutz der Erzählenden anonymisiert.

JOHANNA
47 Jahre, deutsch-israelisch

„Da war mir zum ersten Mal klar, dass ich Jüdin bin."

Ich bin in Deutschland geboren, in einer Kleinstadt in Niedersachsen. Ich habe noch drei Geschwister: einen älteren Bruder, eine jüngere Schwester und einen jüngeren Bruder. Mein Vater ist inzwischen gestorben, viel zu früh, mit Anfang 50, aber meine Mutter lebt noch. Meine Eltern sind Ende der sechziger Jahre von Israel nach Deutschland emigriert und haben in den achtziger Jahren die deutsche Staatsbürgerschaft angenommen. Der Holocaust war bei uns in der Familie nie wirklich ein Thema, was daran liegen kann, dass niemand von uns direkt betroffen war. Die Familien meiner Eltern waren weit über Europa verstreut, einige kommen sogar aus Russland. Sie sind dann in den fünfziger Jahren von Russland nach Israel ausgewandert. Und meine Eltern später von Israel nach Deutschland. Eigentlich weiß ich nicht, warum sie das gemacht haben.

Meinem Vater war es von Beginn an wichtig, dass wir „deutsch" aufwachsen. Wir sollten die Sprache lernen und uns hier integrieren. Meine Eltern sind zwar Juden, aber wir sind nicht religiös. Als ich in der Schule war, habe ich auch den katholischen Religionsunterricht besucht. Zum einen gab es ja kein Schulfach „Jüdischer Religionsunterricht", und zum anderen wollte mein Vater, dass wir uns hier einfinden. Und doch habe ich ein jüdisches Elternhaus gehabt. In jedem Raum gab es die siebenarmige Menora, das ist nicht dasselbe wie der Chanukka-Leuchter, der ja acht oder neun Arme hat. Aber das ist nicht so wichtig. Und natürlich gab es zu Hause oft jüdisches Essen, also viel, was wir hier auch bei den Arabern bekommen. Das jüdische Essen ähnelt dem arabischen sehr.

Ich habe meinen Realschulabschluss gemacht und danach eine Lehre begonnen. In der Schule habe ich nicht offen als Jüdin gelebt; ich war einfach eine Schülerin wie andere auch. Den Sportunterricht mochte ich aber nicht, besonders Schwimmen. Da haben die anderen immer meine dunkle Hautfarbe gesehen, und dann kamen in der Umkleide auch mal so dumme Sprüche wie: „Na, Johanna, hast du dich mal wieder nicht gewaschen?" Manchmal gab es auch blöde Sprüche wegen meiner Hakennase. Ich habe so eine typische jüdische Nase.

Einmal sind wir mit der Schule nach Buchenwald, ein Schulausflug halt. Da hat mein Vater zu mir gesagt, dass ich da nicht mit hinmüsse. Ich habe das erst nicht verstanden. Für mich war das ein ganz normaler Schulausflug, den ich mit meinen Schulfreunden machen wollte. Aber diese Eindringlichkeit, mit der mein Vater das gesagt hat, habe ich dann verstanden und bin nicht mitgefahren. Da war mir zum ersten Mal klar, dass ich Jüdin bin.

Später, mit zwanzig Jahren, habe ich meinen damaligen Mann kennengelernt. Er war Palästinenser und hat hier studiert. Mir war sehr schnell klar, „Den will ich heiraten", aber einfach war es nicht. Ich habe meinen Eltern ungefähr ein Jahr lang nichts von ihm erzählt. Er war Moslem, ich Jüdin. Als ich es meinen Eltern endlich gesagt hatte, waren sie zwar nicht begeistert, aber letztlich haben sie es akzeptiert. Mein Freund hatte da größere Probleme mit seiner Familie, und schließlich haben wir gegen deren Willen geheiratet. Unsere Beziehung war sehr turbulent, besonders, wenn wir Nachrichten geschaut haben. Obwohl ich nie in Israel gelebt habe, habe ich seine Politik immer verteidigt. Und er hat immer die Palästinenser verteidigt. Das war schon heftig. Unsere Ehe hat zehn Jahre gehalten. Sie ist aber nicht wegen unserer Konflikte auseinandergegangen, sondern weil ich mich in eine Frau verliebt hatte.

Der Sex mit meinem Mann war schon lange nicht mehr erfüllend, und ich hatte sexuelle Fantasien von Frauen. Schließlich habe ich ihm gesagt, dass ich mich trennen möchte, weil ich mich zu Frauen hingezogen fühle. Für ihn war das okay, solange ich mich nicht scheiden lasse. Das wäre ein schlimmer Ehrverlust gegenüber seinen Eltern gewesen, die ja von Beginn an gegen unsere Ehe waren. Außerdem dachte er, dass das eine Phase sei, die bestimmt bald vorbei wäre. Unter der Woche war mein Mann auf Montage, so dass ich die Zeit genutzt habe, um meine sexuellen Fantasien mit Frauen auszuleben. Ich habe mich richtig ausgetobt! Das war eine wilde Zeit für mich. Es war klar, dass ich die Frauen nicht mit nach Hause nehme, das hätte ich nicht gekonnt. Und am Wochenende, wenn mein Mann dann wieder zu Hause war, war auch klar, dass da nichts lief.

Und dann habe ich mich verliebt, so richtig verliebt in eine Frau. Ab dann konnte ich nicht mehr mit meinem Mann zusammen sein. Ich wollte die Scheidung. Ich habe mit meinem Vater darüber gesprochen, dass wir sexuelle Probleme hatten und ich einen anderen Menschen kennengelernt habe. Er fragte, wer er denn sei, und ich habe geantwortet: „Der andere Mensch ist eine Frau." Er antwortete: „Hmmm." Seine erste Sorge galt, ob ich das schon meiner Mutter erzählt hätte. Das hatte ich nicht, und mein Vater bestand darauf, dass ich das auch nicht tue. Er sagte, dass ich das leben könne, aber nicht in der „Öffentlichkeit". Das hieß, dass ich es weder meinen Geschwistern noch den Verwandten sage, und wenn ich meine Freundin mitbringe, dann eben nur als Freundin und nicht als Geliebte oder als den Menschen, den ich liebe. Ich durfte sie nicht liebkosen oder Händchen halten oder irgendetwas, woraus man hätte schließen können, dass wir mehr sind als „nur Freundinnen".

Nun, ich hatte mich scheiden lassen und bin zu meiner ersten Freundin gezogen. Ich werde es nie vergessen: Einmal hatte mich mein Vater dort besucht, als ich Geburtstag hatte. Mir war sein Besuch so wichtig, so unendlich wichtig. Nachdem er mich in meinem Zuhause erlebt hatte und gegangen war, fühlte ich mich endlos frei.

Aber ich hatte meinem Vater versprochen, dieses Leben nicht in unsere Familie hineinzutragen. Inzwischen ist er gestorben, und jetzt nach so vielen Jahren, die ich lesbisch lebe, wissen das immer noch nur mein Neffe und mein jüngerer Bruder. Mein älterer Bruder vermutet es vielleicht, aber er redet nicht darüber. Meine Mutter darf das niemals erfahren, sie ist schwer krank, und ich will nicht, dass ihr was passiert. Ich fände das rücksichtslos und egoistisch, wenn ich ihr das sagen würde. Sie ist eine große Respektsperson in unserer Familie. Wenn sie sagte, ich solle dies oder jenes anziehen, habe ich das gemacht. Ich glaube, sie würde mich verstoßen. Sie würde denken, dass sie schuld ist, dass sie etwas falsch gemacht hat. Meine Mutter ist sehr konservativ und ich glaube, auch gläubig. Sie hat das nie so gesagt, als mein Vater noch lebte, denn er wollte ja, dass wir alle „deutsch" sind. Ich glaube, meine Mutter würde sich etwas antun, wenn sie wüsste, dass ich lesbisch bin. Aber für mich ist es völlig in Ordnung, diese beiden Welten getrennt zu halten. Bei meiner letzten Freundin, und sie ist eine Deutsche, war das auch so. Für sie war das in Ordnung, dass sie nie mit zu meiner Familie durfte. Sie wollte auch nicht, dass wir unser Lesbischsein in der Öffentlichkeit zeigen. Zu Hause konnten wir dann so sein, wie wir sind.

Ich weiß, ich kann die Worte „lesbisch" und „schwul" nur flüstern. Ich möchte nicht, dass jemand hört, worüber ich rede. Eigentlich schäme ich mich dafür, lesbisch zu sein. Ich frage mich oft, warum ich? Wieso sind meine Geschwister normal und ich nicht? Ja, ich weiß, ich lebe seit über zwanzig Jahren mit Frauen zusammen, aber man kann hier nicht frei sein. Es geht einfach nicht, dass ich mit meiner Freundin ins Kaufhaus gehe und mit ihr eine Jeans kaufe. Die Verkäuferin und die Leute könnten ja schauen und das komisch finden. Sie könnten ja über mich reden. Ich gehe auch nicht Händchen haltend hier in der Einkaufsstraße mit meiner Freundin spazieren, es könnte ja etwas passieren. Mir ist noch nichts passiert, das liegt aber daran, dass ich nicht offen zeige, dass ich lesbisch bin. Mein Gott, ich würde mich unendlich frei fühlen, wenn ich meine Partnerin mit in mein Elternhaus bringen könnte! Das wäre fantastisch, einfach wunderbar! Aber wir sind nicht frei, das geht nicht.

Als ich aus beruflichen Gründen umgezogen bin, da war es mir aus irgendeinem Grund wichtig, dass meine neuen Arbeitgeber wissen, dass ich lesbisch bin. Das habe ich schon im Bewerbungsgespräch gesagt. Ich hätte die Stelle nicht genommen, wenn das ein Problem gewesen wäre. An meinem jetzigen Arbeitsplatz wissen alle, dass ich mit einer Frau zusammen bin.

Vor ein paar Jahren bin ich endlich nach Israel gefahren. Ich war zwar schon als Kind dort, aber jetzt war es etwas anderes. Ich habe mich vorher mit dem Land beschäftigt, mit seiner Geschichte und Kultur. Ich bin dann nach Tel Aviv gefahren. Es war wie ein Kulturschock: Total viele Menschen sahen so aus wie ich, sie hatten die gleiche dunkle Hautfarbe, die gleiche Hakennase. Dort bin ich nicht aufgefallen. Ich war zu Hause. Dort waren überall die Kerzenleuchter, das Essen war wie zu Hause, die Menschen waren so freundlich zu mir, so offen. Es war einfach wunderbar. Einmal stand ich an der Klagemauer, die ja nach Männern und Frauen getrennt ist. Ich bin zu den Frauen, aber ich hatte nur Shorts an, die die Knie nicht bedeckten. Da kam eine ältere Frau auf mich zu und sagte mir, dass ich meine Knie bedecken müsse. Mir war das total peinlich, sie aber gab mir einen Rock und lächelte mich an. Diese menschliche Wärme! Ich war zu Hause.

Ich habe noch einen Onkel, der ist ein orthodoxer Rabbiner in Jerusalem. Man kann Tel Aviv und Jerusalem nicht vergleichen, das sind zwei Welten. In Jerusalem herrscht die Religion. Mein Onkel hat schnell gemerkt, dass ich von dem jüdischen Glauben keine Ahnung habe. Er hat mir ein paar grundlegende Dinge gezeigt. Ich habe aber schnell gemerkt, dass das richtig Religiöse nichts für mich ist, aber trotzdem hat die Religion ja mein Leben geprägt, und ich fange jetzt langsam an, mich damit auseinanderzusetzen. Auch mit der jüdischen Geschichte. Ich lebe ja jetzt in Berlin, und hier gibt es eine große jüdische Community. Alleine jüdisch zu sein oder das zu praktizieren, macht keinen Sinn für mich. Man braucht da schon andere. Lesben oder Schwule, die auch jüdisch sind, kenne ich nicht. Das wäre bestimmt interessant, ich würde auch einmal zu so einer Gruppe gehen. Aber ich wüsste gar nicht, wo ich sie treffen könnte.

ARAM
18 Jahre, deutsch–iranisch

„Ich komme mir vor, als wäre ich kein Junge,
sondern ein unterdrücktes iranisches Mädchen."

Mein Vater ist Kurde und kommt aus dem Iran. Meine Mutter ist in Deutschland geboren, hat aber persische Eltern. Sie hat meinen Vater bei einem Aufenthalt im Iran kennengelernt und ihn dann nach Deutschland geholt. Mein Vater hat sich teilweise eingelebt, er kann aber immer noch nicht so gut deutsch. Meine Mutter spricht beides, deutsch und persisch. Sie sieht sich aber inzwischen eher als Deutsche denn als Iranerin oder Kurdin. Ich selbst bin hier geboren und kann nur wenig persisch. Meine Eltern und besonders mein Vater haben gemeint, es sei besser für mich, wenn ich deutsch spreche. Ich wohne in Deutschland und solle auch deutsch reden. Aber ich sehe mich schon als Kurden mit iranischen Wurzeln.

Meine Eltern haben sich vor einigen Jahren getrennt. Ich bin Einzelkind und habe Halbgeschwister, weil mein Vater zwei Kinder mit einer anderen Frau hat. Ich habe schon noch Kontakt zu ihm, und die Trennung damals war nicht so schlimm für mich, weil mein Vater nie wirklich zu Hause war. Heute lebe ich mit meiner Mutter und meinem Stiefvater zusammen. Mein Stiefvater stammt auch aus dem Iran. Man bleibt halt unter sich.

Ich habe schon immer gewusst, dass ich auf Jungs stehe. Es fing mit 13 Jahren an, als ich begonnen habe, mich für Sexualität zu interessieren. Die Jungs haben halt immer gesagt: „Guck dir dieses Mädchen an, guck dir jenes Mädchen an, die sieht ganz gut aus!" Und ich dachte: „Also, ich würde eher den da, weißt du, den da und den da." Es war erst einmal komisch für mich, weil das ja nicht normal war. In dem Kölner Stadtteil, in dem ich aufgewachsen bin, gab es so etwas nicht. Da gab es nur Mädchen und Jungs. Die mögen sich halt. Ich habe erst nicht verstanden, was mit mir los ist. Ich dachte, dass bei mir irgend-etwas falsch ist. Dass ich doch Mädchen lieber haben muss. Dann habe ich aber gemerkt, dass es einfach nicht so ist. Mit 17 bin ich dann zum ersten Mal auf eine Webseite gegangen: „DBNA – Du bist nicht alleine". Anfangs hatte ich Beden-ken, dass das jemand auf meinem Laptop sehen könnte, aber ich hatte keine Freunde oder Bekannten, mit denen ich mich austauschen konnte. Schließlich bin ich ins lesbisch-schwule Jugendzentrum hier in Köln gegangen.

Ich habe es dann meiner Mutter gesagt, und sie dachte erst, dass ich einen Scherz mache. Ich würde nicht „so" aussehen und mich auch nicht „so" benehmen. Ich erfülle halt die Klischees nicht. Deshalb wollte meine Mutter, dass ich mich von dem Jugendzentrum fernhalte. Je mehr Zeit verging, desto mehr hat sie darüber nachgedacht und mit immer mehr Methoden ver-sucht, mir das auszureden. Sie hat mir Briefe geschrieben, wenn ich auf Allah hören würde, würde er mich auf den richtigen Weg führen, ich solle ihm zuhören und mich von den Schwulen fernhalten. Ich solle nicht sagen, dass ich schwul sei, denn ich wäre es ja nicht. Sie versteht es bis heute nicht. Sie denkt immer noch, es wäre eine Phase und würde wieder weggehen. Sie tut auch so, als wäre ich nicht schwul. Und meinem Stiefvater dürfe ich es nicht sagen und meinem Vater sowieso nicht.

Bei meinem Stiefvater war es dann aber ziemlich locker. Mei-ne Mutter hat es ihm selbst gesagt, sie hat es nicht ausgehalten. Er denkt aber auch, dass es eine Phase ist. Ich habe dann erklärt, dass ich das nicht nur ausprobiere, es würde mir halt mehr gefallen als mit Mädchen. Mein Stiefvater erwiderte: „Na, dann ist es scheinbar so, dann muss man das halt akzeptieren."

Aber meine Mutter streitet das ab. Irgendwann war sie auch im Jugendzentrum, dann hat sie mir die Pistole auf die Brust gesetzt: „Entweder ich oder das Jugendzentrum!" Ich lebe jetzt immer noch zu Hause, suche aber ein Zimmer. Ich darf keinen Freund haben und bloß nicht mit einem Jungen in einem Bett schlafen! Ich komme mir vor, als wäre ich kein Junge, sondern ein unterdrücktes iranisches Mädchen, auf das man aufpassen muss! Meine Mutter wird immer fürsorglicher. Es kommt mir vor, als ob sie mich in Fesseln stecken würde. Erst ist sie so fröhlich zu mir, und wenn ich ihr dann sage, dass ich wieder im Jugendzentrum bin, wird sie sehr traurig. Und das tut mir dann auch weh.

Wenn ich es meinem Vater sagen würde, könnte es schon passieren, dass er mich der Ehre wegen umbringt. Er ist Kurde und hoch angesehen. Richtig Angst habe ich aber nicht, aber er würde es wahrscheinlich tun. Es ist halt kompliziert. Er ist ziemlich homophob, das würde dann schon ganz gut passen. Mein Vater fragt auch schon, wann ich heiraten werde. Ich bin jetzt in dem Alter, in dem junge Männer heiraten. Dann kommen so Äußerungen wie: „Ja, dann musst du jetzt schon langsam" und „Wann bekommst du Kinder?" Das macht schon Stress. Ich bin halt der einzige Sohn; da sind die Erwartungen hoch.

Ich glaube schon an Gott, also an Allah, und ich bete auch. Wir Aleviten beten ja nicht in der Moschee. Wir beten, wann wir wollen, es kommt von Herzen. Sonst macht es ja keinen Sinn. In der islamischen Religion ist Homosexualität eine Sünde, aber mit dem Koran ist es anders als mit der Bibel. Dort steht alles kreuz und quer, und man kann vieles interpretieren, wie man will. Man kann als Moslem schwul sein; man begeht halt nur eine Sünde. Aber wenn ich bete, reinige ich mich von der Sünde, dann ist alles wieder in Ordnung. Allah hat uns so geschaffen, wie wir sind. Wenn ich nicht ins Paradies komme, dann habe ich wenigstens mein Leben leben können, wie ich es wollte. Vielleicht habe ich es nachher schlechter, anstatt vorher gezwungenermaßen mit einer Frau zu leben.

Einen festen Freund habe ich noch nicht. Ich bin sehr vorsichtig und möchte auf den Richtigen warten. Mir ist meine Jungfräulichkeit wichtig; ich möchte sie nicht verschwenden. Es hat auch etwas mit dem Erwachsenwerden zu tun; mit meiner Jungfräulichkeit verliere ich auch meine Kindheit. Sexualität hat etwas Älteres, Reiferes. Deshalb möchte ich meine Jungfräulichkeit nicht unbedingt an den erstbesten Typen verschwenden. Die schwule Kultur mit den Darkrooms und den Saunen ist nichts für mich. Sex hat für mich schon etwas mit Liebe zu tun. Ich möchte später auch gerne Kinder mit meinem Partner haben, dann wären wir eine richtige Familie.

Ich bin jetzt glücklicherweise mit der Schule fertig. In meiner alten Klasse waren wir zwanzig Schüler, da gab es nur drei Deutsche. Ich bin dann auf das Gymnasium gewechselt, da gab es dann mehr Deutsche. Das war ich gar nicht gewohnt. Aber auch in der neuen Schule wurde ich wegen meines Schwulseins gemobbt, obwohl ich es nicht gleich offen gesagt habe. Es kamen zum Beispiel im Sportunterricht dann Bemerkungen wie, dass ich bei getrennten Teams „auf die Mädchenseite" sollte. Also, schon alleine, wenn ich einem Klassenkamerad ein bisschen aufs Arbeitsblatt geschaut habe, war ihm das zu viel. Die Jungs dachten, das sei ansteckend. Als wir einmal ein Plakat für die Schule entworfen haben, habe ich gesagt, dass es bunt sein sollte. Ein Junge hat in den Klassenraum geschrien: „Schwul, schwul, schwul!" Die Jungs haben sich von mir ferngehalten. Sie hatten wohl Angst oder fühlten sich von meinem Schwulsein bedroht. Manchmal fühlte ich mich schon ein bisschen ausgegrenzt.

Meine Zukunft stelle ich mir so vor, dass ich weit weg von meiner Familie gehe. Mit meiner Familie kann ich nicht über Liebe und die mir wichtigen Dinge reden. Später brauche ich dann keinen mehr. Ich möchte im Ausland studieren und vielleicht auswandern. Ich möchte dahin, wo mich niemand kennt. Dann würde meine Familie nicht mehr erwarten, dass ich mich bei ihr melde; ich hätte dann diesen Druck nicht mehr. Ich bin froh, es meiner Mutter gesagt zu haben. Sie ist das Wichtigste für mich. Sie ist die Frau, die wahrscheinlich am meisten an meinem Leben teilhaben wird.

GERNAS
22 Jahre, deutsch–kurdisch

„Frei in Anführungsstrichen."

Ich komme eigentlich aus der Nähe von Bonn, studiere jetzt aber in Frankfurt an der Fachhochschule. Ich habe zwei ältere Geschwister, einen Bruder und eine Schwester. Ich bin in Deutschland geboren. Meine Eltern stammen beide aus der Türkei und sind Kurden. Ich bin froh, endlich eine eigene Wohnung zu haben, denn eigentlich führe ich ein Doppelleben. Wenn ich in meiner Wohnung bin, kann ich frei sein, weil all meine Freunde wissen, dass ich schwul bin. An der Hochschule gehen auch alle offen damit um.

Aber wenn ich heimkomme, muss ich meine Identität verstecken, den lieben Sohn spielen, der nicht schwul ist. Noch vor einem Jahr haben meine Eltern gesagt, dass Schwule therapiert werden müssen. Inzwischen kommen solche Sprüche nicht mehr. Vielleicht haben sie etwas gemerkt und halten sich jetzt zurück. Wenn ich bei meinen Eltern zu Hause bin, kann ich meine schwulen Kontakte nicht pflegen. Wenn ich mit jemandem chatte, mache ich das in meinem Zimmer und nicht im Wohnzimmer, wo meine Eltern sind. Ich kann mich auch nicht mit schwulen Freunden treffen oder sie nach Hause einladen. Das geht gar nicht!

Mit zwölf oder 13 Jahren habe ich gemerkt, dass ich schwul bin. Ich habe versucht, es zu verdrängen, aber ich konnte zu Frauen einfach keine Bindung aufbauen. Freundschaftlich ja, ich konnte mich mit Frauen immer besser unterhalten als mit Männern. Anfangs dachte ich, dass Schwulsein total ekelhaft ist, und habe mich gefragt, was ich denn damit solle. Mir hatten meine Eltern in den Kopf gesetzt, dass Homosexualität nicht normal sei, dass es ekelhaft sei, dass man so etwas nicht in der Öffentlichkeit zeigen dürfe, das sei peinlich und was würden denn die Nachbarn denken! Deswegen habe ich erst versucht, meine Gefühle zu verdrängen und doch etwas mit einem Mädchen anzufangen. Aber ich konnte es einfach nicht. Es waren keine Gefühle da.

Dann ging es mit mir erst einmal psychisch abwärts. Eine Zeitlang hatte ich Selbstmordgedanken und wurde magersüchtig. Ich dachte ständig, ich bin nicht normal. Schließlich haben mich meine Eltern wegen meiner Magersucht zu einer Jugendpsychologin geschickt. Sie haben nicht gefragt, warum es mir so schlecht geht, sondern sie wollten einfach nur, dass ich wieder zunehme.

Ich wurde damals in der Schule gemobbt, weil meine Klassenkameraden anscheinend schon gemerkt hatten, dass ich schwul bin, obwohl ich es mir selbst noch nicht eingestehen wollte. Wenn wir Fußball gespielt haben, wurde ich immer als Letzter in die Gruppe gerufen und beim Spielen auch ausgegrenzt. Ich habe den Sportunterricht dann oft gemieden. Auf dem Pausenhof ging es mir aber nicht besser. Ich war ein Außenseiter, weil ich halt anders war. Ich wurde als „Mädchen" beschimpft, oder wenn ich mit einem Mädchen gesprochen habe, war ich die Lesbe, weil ich in den Augen meiner Mitschüler eine Frau war. Das hat mich alles schon sehr belastet, und wenn mich heute jemand so nennt, belastet mich das immer noch sehr. Ich habe dann die Schule gewechselt. Mit Hilfe der Jugendpsychologin wurde ich selbstbewusster und habe mich gewehrt, wenn mich jemand beleidigt hat. Manchmal bin ich richtig aggressiv geworden.

An der Hochschule ist es auch nicht immer so einfach. Ich habe eine türkische Freundin, und sie hat halt viele türkische Freunde. Wenn wir an einem Tisch sitzen, redet keiner von ihnen mit mir. Ich werde knallhart ignoriert. Also weder eine Begrüßung noch irgendein Gespräch kommt da zustande. Ich bin da ungerne, ich glaube, sie beleidigen mich nur nicht offen, weil meine Freundin dabei ist. Ansonsten würden sie ganz anders mit mir umgehen. Also noch schlimmer.

Meinen ersten Freund habe ich über das Internet kennengelernt. Ich war gerade 17 Jahre alt. Wir haben uns dann getroffen, waren im Kino und haben alles Mögliche miteinander unternommen. Ich habe mich sofort verliebt, schon beim ersten Treffen. Das war halt mein erster Kontakt zu Schwulen überhaupt. Das hat sehr gutgetan, also das erste Mal, dass man so richtig verliebt ist. Gleichzeitig war es sehr belastend, denn alles war ja heimlich. Mein Freund wohnte nicht weit weg von meinem Elternhaus. Er hat mich immer abgeholt, dann waren wir bei ihm. Bei ihm in der Familie wusste jeder, dass er schwul war, und er konnte offen damit umgehen. Wenn seine Eltern mich etwas gefragt haben, wusste ich nicht, was ich antworten soll, denn meine Eltern wussten von meinem Schwulsein ja nichts. Ich habe dann gesagt, dass ich einen Migrationshintergrund habe, dann war alles klar. Da musste ich dann nicht mehr viel erläutern. Wir haben uns also meistens bei ihm getroffen oder eben außerhalb.

Wir waren dann auch das erste Mal auf einer Schwulenparty, also einer Homosexuellenparty. Da waren Hunderte von Schwulen! Ich habe gedacht: „Wenn meine Eltern denken, dass das krank ist, da können doch nicht alle fünfhundert Menschen hier krank sein. Also muss das normal sein, wenn die alle so fühlen." Mein Freund hat mich dann betrogen, und ich habe schnell gemerkt, dass in der Szene sehr viel Untreue ist. Da kam dann doch wieder das Gefühl auf, dass es unnor-

mal ist, weil alle anscheinend nur auf das eine aus sind. Bei
meinem zweiten Freund war es ähnlich. Es ist halt schwer,
eine schwule Partnerschaft aufzubauen.

Religion spielt bei uns in der Familie keine große Rolle, auch
wenn wir Aleviten sind. Bei uns trägt keine ein Kopftuch, außer
jetzt meine Oma. Bei den Älteren ist das meistens so. Aber wir
haben schon traditionelle Rollen. Mein Vater verdient das Geld
und geht einkaufen, meine Mutter ist zu Hause, macht sauber
und alles. Meine Mutter hat bei den meisten Dingen das Sagen, aber teilweise ist dieses alte Denken schon noch da. Der
Mann ist halt der Stärkere und muss die Frau beschützen und
im Zaum halten. Ich helfe meiner Mutter oft im Haushalt, aber
normalerweise sitzt der Mann im Wohnzimmer und schaut
fern. Mein Vorteil ist, dass meine Geschwister für türkische
Verhältnisse sehr spät geheiratet haben. Deshalb habe ich noch
ein bisschen Zeit, bis meine Eltern richtig Druck ausüben, dass
ich heiraten soll.

Meine Familie ist mir sehr wichtig. Sie akzeptieren Homosexualität nicht, und irgendwann werden sie ja auch denken:
„Warum heiratet der Junge nicht?" Dann würde ich eventuell
überhaupt keine Beziehung mehr mit einem Mann führen,
sondern eben mit einer Frau. Das würde dann eher freundschaftlich ablaufen, auch wenn ich nicht glücklich wäre und
mein Leben nicht so leben könnte, wie ich es möchte. Ich
stelle mir vor, dass ich eine Frau heirate, die zwangsverheiratet werden soll, so eine mit Kopftuch, und dann könnten
wir beide ein freies Leben leben. Sie könnte dann ausgehen,
wann sie möchte, und würde nicht mehr von ihrer Familie
unterdrückt werden. Ich wäre dann zumindest nicht alleine,
und meine Familie stünde immer noch hinter mir. Familie
ist mir sehr wichtig. Wenn ich im Krankenhaus liege, sind
sie 24 Stunden da. Oder meine Mutter fährt jetzt öfter nach
Frankfurt und schaut, wie es mir geht. Und obwohl ich schon

22 Jahre alt bin, kümmert sie sich immer noch um mich. Ich denke, sie lieben mich so sehr, und da möchte ich sie auch nicht enttäuschen. Und auch nicht verlieren. Wenn ich mein Leben mit einem Mann lebe und mich von ihm trenne oder er sich von mir, dann habe ich niemanden mehr. Meine Familie bleibt für immer.

Wenn ich aber einmal den richtigen Mann kennenlerne, einen Mann fürs Leben, dann würde ich wahrscheinlich schon das Risiko eingehen und es meinen Eltern sagen. Aber ich müsste mir sehr sicher sein. Wenn dann dieser Mann doch weg ist, stehe ich alleine da. Von meinen Eltern würde ich mir dann wünschen, dass sie mich einfach so behandeln wie meine Geschwister auch, die verheiratet sind. Also ganz normal, wie man halt so sein Kind behandelt, wenn es verheiratet ist. Und meine Beziehung akzeptieren!

Meine Geschwister wissen, dass ich schwul bin. Meine Schwester kommt ganz gut damit klar, mein Bruder denkt, es ist eine Phase. Meine Schwester hat Angst um mich, und ich glaube, dass sie damit eigentlich nicht so gut klarkommt. Sie denkt, dass ich in die Drogenszene abrutschen könnte, ich könnte ja an die falschen Männer geraten.

Meine Entscheidung, nach Frankfurt zu gehen, hat viel mit meinem Leben zu tun. Ich kann hier freier leben als anderswo, obwohl in einer anderen Stadt die Ausbildung besser ist. Ich fühle mich hier sehr wohl und ganz normal. Bis irgendwann meine Eltern Druck ausüben, werde ich so frei leben können. Also frei in Anführungsstrichen.

SVETLANA
37 Jahre, deutsch–russisch

„Es kostet sehr viel Kraft, diesen Spagat durchzuhalten."

Ich bin in der Nähe von München geboren und dort auch aufgewachsen. Ich habe einen Bruder, der auch in Deutschland
lebt. Er ist inzwischen verheiratet und hat ein Kind. Mein Vater
stammt aus einem Dorf in Russland. Meine Mutter ist gestorben, als ich neun Jahre alt war, und wurde in Russland begraben.
Als ich 18 Jahre alt war, hat mein Papa wieder geheiratet. Die
Heirat war nicht aus Liebe. Wir waren bei Bekannten in Russland, und sie haben meinem Vater erzählt, dass da eine Witwe
sei, deren Mann im selben Jahr gestorben sei, in dem meine
Mutter verstarb. Er lebt alleine, sie lebt alleine, also haben sie
geheiratet. Inzwischen ist er geschieden. Jetzt ist er in Rente
und vor Kurzem wieder zurück nach Russland gegangen. Ich
liebe meine Familie, ich liebe auch dieses Dorf, aber es ist wie
stehengeblieben in der Zeit. Mittlerweile gibt es zwar Internet
und asphaltierte Straßen, aber es sind beileibe nicht alle geteert.
In dem Dorf glaubt man noch an den „bösen Blick", oder wenn
man das und das macht, verfolgt einen das Pech oder eben das
Glück. Dort lebt der Aberglaube noch, und jeder redet dem
anderen ins Leben rein.

Mein Papa lebt seit gut zwei Jahren wieder dort und gibt
viel darauf, was die anderen sagen oder sagen könnten. Mehr
noch als früher. Obwohl er viele Jahre in Deutschland gelebt
hat, spricht er kaum deutsch. Er hat es nicht gebraucht, weil

mein Bruder und ich für ihn übersetzt haben. Und in der Arbeit stammten die meisten Kollegen aus Russland, einige kamen aus Italien ,und die wenigen Deutschen haben eben ein bisschen Russisch gelernt. D.h., er brauchte Deutsch nur zum Einkaufen, mehr nicht. Wir haben uns auch nie außerhalb der russischen Gemeinde bewegt. Und in dem Dorf, in dem er jetzt wieder lebt, gibt es so gut wie keine westlichen Einflüsse.

Für mich war es schrecklich, als mein Vater wieder nach Russland gezogen ist. Früher haben wir uns täglich gesprochen, und ich hatte ihn wenigstens einmal im Monat besucht. Er ist halt schon 72 und wird nicht jünger. Dass er zurückgegangen ist, war schon schlimm. Auf der anderen Seite war es auch eine Erleichterung.

Ich bin bei meiner Familie nicht geoutet, denn ich weiß, dass es dann zu einem Bruch mit meinem Vater kommen würde, und das möchte ich nicht. Ich bin mir sicher, dass er mich verstoßen würde, dass ich nicht mehr seine Tochter wäre. Ich bin aufgewachsen mit der Vorstellung, dass ich heiraten und mindestens drei Kinder bekommen werde. Bei uns wird Homosexualität als Krankheit angesehen, und so habe ich auch gedacht. An meinem ersten Arbeitsplatz gab es einen schwulen Kollegen, und auch ich habe ganz laut geschrien: „Igitt!" und „Was er im Schlafzimmer macht, ist seine Sache, aber er muss das ja nicht in die Öffentlichkeit tragen!" Eigentlich habe ich mich ganz gut mit ihm verstanden, aber ich fand es schrecklich, dass er homosexuell war. Und besonders schlimm fand ich lesbische Frauen.

Ich würde gerne einmal nach Russland gehen und das Grab meiner Mutter besuchen. Ich möchte auch, dass meine heutige Partnerin sieht, wo meine Wurzeln sind, und ich möchte zusammen mit ihr an das Grab. Also ein Stück weit vielleicht mir den Segen meiner Mutter holen. Das ist für mich ein ganz wichtiger Punkt. Ich weiß aber auch, wenn ich mich bei meiner

Familie outen würde, könnte ich dort keinen Fuß mehr hinsetzen. Bei uns gibt es Orthodoxe, die sagen würden, ich sei krank und „das" eine Sünde. Und dass man das heilen könne. Ich könnte darauf wetten, dass einige auch sagen würden, dass ich verflucht worden sei. So etwas ist noch gang und gäbe bei uns. Aber ich habe auch Angst um mein körperliches Wohlergehen. Ich kann nicht hundertprozentig sagen: „Ja, meine Familie wird mich unterstützen und hinter mir stehen." Manchmal denke ich, dass meine Familie sagen würde: „Die muss nur einmal einen richtigen Kerl haben!" Das hat man in Russland oft gehört. Das macht mir Angst.

Mit 25 ist es mir dann passiert: Ich fand plötzlich Frauen attraktiv. Ich dachte, dass mit mir etwas nicht stimmt. Ich hatte damals eine Beziehung mit einem Mann, und wir wollten heiraten. Wir haben uns dann getrennt; ich habe damals viel geweint. Mein Bruder hat nachgebohrt, und ich habe ihm schließlich gesagt, dass ich glaube, dass etwas mit mir nicht stimme. Er antwortete nur, dass er schon immer wusste, dass ich das schwarze Schaf in der Familie sei.

Ich bin dann ein paar Mal nach München gefahren in eine Frauendisko. Ich habe es in unserer Kleinstadt nicht mehr ausgehalten und habe mich um eine Stelle in einer größeren Stadt beworben. Das war für meinen Vater sehr schwer, denn als Mädchen zieht man nicht einfach aus, um eine eigene Wohnung zu haben. Er hatte Angst, dass man denken könnte, ich sei ausgezogen, weil wir uns zerstritten hätten.

Ich habe mir in Hannover meine lesbische Welt aufgebaut. Mit meiner jetzigen Partnerin möchte ich gerne alt werden, und ich könnte mir gut vorstellen, dass wir uns verpartnern mit Hochzeit und Hochzeitsfeier und auch sogar evangelisch in der Kirche, wenn sie möchte. Aber in dem Moment, in dem ich ihr sage: „Schatz, ich will dich heiraten", in dem Moment, in dem ich das ausgesprochen habe, ist der Bruch mit meiner Familie da.

Ich bin russisch-orthodox und musste früher regelmäßig in die Kirche. Es ging darum, sehen und gesehen werden. Mein Vater ist religiös, wir waren regelmäßig in der Kirche. Also, ich finde die Kirche verlogen, und ich stehe dann manchmal dort und denke: „Wenn ihr wüsstet, wie ich lebe, ihr würdet mich sofort steinigen!" Mit der Kirche habe ich nichts am Hut, die wollen mir ja auch an den Kragen! Aber ich mag religiöse Traditionen, und diese praktiziere ich auch in Hannover, weil sie mir wichtig sind. Bei uns ist Weihnachten erst am 6. Januar. Der Tag beginnt mit einem Vaterunser auf Russisch. Wir bekreuzigen uns auch anders als die Katholiken. Unsere Familie hat auch einen Schutzpatron, der an seinem Namenstag geehrt wird. Der Schutzpatron läuft über die männliche Linie der Familie; meine Tanten, also die Schwestern meines Vaters, haben in dem Moment, in dem sie heiraten, den Schutzpatron ihres Mannes übernommen. Wir feiern unseren Schutzheiligen, d.h., das ist der Feiertag meines Vaters als Patriarch der Familie. Meine Tanten kommen dann zu Besuch. Dieses Ritual wird mein Vater dieses Jahr an meinen Bruder übergeben. Er feiert dann nicht mehr, sondern wir werden uns dann zukünftig da versammeln, wo mein Bruder ist. Er übernimmt also die Tradition, dieses Fest auszutragen. Ich kann das nicht übernehmen, weil ich eine Frau bin. Aber jetzt werden wir noch einmal nach Russland fahren. Eigentlich picke ich mir die Rosinen raus, was den orthodoxen Glauben angeht. Aber wegen der Haltung der orthodoxen Kirche zu Homosexuellen, da schäme ich mich zu sagen, dass ich orthodox bin.

Meine Familie macht sich schon Gedanken, dass ich noch nicht verheiratet bin. Mein Onkel hat mich einmal zur Seite genommen und stundenlang bearbeitet, ob ich nicht einen Ehemann finden möchte. Es sei doch viel schöner, zu zweit durch die Welt zu gehen. Im Alter würde man auf den anderen achten, aufeinander aufpassen und pflegen. Das ging bestimmt eineinhalb Stunden so weiter. Meine Stiefmutter hat mir zu meinen Geburtstagen gratuliert mit dem Kommentar: „In deinem Alter hatte ich schon längst mein erstes Kind!" Als mein jüngerer Bruder dann sagte, dass er heiraten würde, habe ich vor Glück geweint und zugleich gedacht: „Scheiße!" Ich habe befürchtet, dass mich viele fragen werden, was mit mir los sei. Auch habe ich damit gerechnet, dass Bemerkungen wie „Jetzt hat dich dein jüngerer Bruder überholt!" fallen würden. Auf der Hochzeit war es dann wirklich so, wie ich es mir schon ausgemalt hatte: „Was ist mit dir? Jetzt heiratet dein Bruder, und auf was wartest du denn?" Das war sehr anstrengend. Wegen des zunehmenden Drucks bin ich nicht mehr so oft nach Hause gefahren. Ich habe einen schwulen Freund, der ist auch Russe. Wir hatten einmal überlegt, ob wir nicht heiraten sollen, damit das endlich aufhört.

Ich habe mir schon oft überlegt, wie mein Leben verlaufen wäre, wenn mein Papa nach dem Tod meiner Mutter mit uns gleich zurück nach Russland gegangen wäre. Dort leben ja seine Schwestern, die sich um uns Kinder hätten kümmern können. Ich bin meinem Vater in dieser Hinsicht sehr dankbar, dass er nicht zurückgegangen ist und dass er uns nicht zu den Tanten nach Russland gegeben hat. Dass wir hier in Deutschland bleiben konnten. Obwohl ich hier geboren bin, habe ich noch nicht die deutsche Staatsbürgerschaft. Dazu muss ich mich entscheiden. Ich finde, dass ich ganz großes Glück habe, hier leben zu können. Mir geht es nicht so, dass ich große Angst um mein Leben habe wie viele andere. Es wäre anders, wenn ich in Russland leben würde, dann hätte ich wirklich Angst um mein Leben. Ich habe großes Glück, aber trotzdem, es zehrt einfach, es kostet sehr viel Kraft, sehr viel Energie, diesen Spagat zwischen diesen zwei Welten durchzuhalten. Beide Seiten zerren an mir. Aber ich weiß auch, für welche Welt ich mich entscheiden werde – und das ist meine lesbische Welt. Nur bin ich halt noch nicht so weit.

KRZYSZTOF
43 Jahre, polnisch

„Nie Mädchen. Nur Kerle, Kerle, Kerle."

Geboren bin ich in der Nähe von Lublin in Ostpolen. Dort bin ich aufgewachsen und zur Schule gegangen. Meine Eltern leben immer noch in Polen, meine Geschwister auch. Bis zu meinem 33. Lebensjahr habe ich auch in Polen gelebt. Nach Deutschland bin ich gekommen, weil ich mir einen besseren finanziellen Hintergrund aufbauen wollte. Ich habe gedacht, ich arbeite ein paar Jahre in einem fremden Land, erlerne die Sprache und lerne neue Menschen kennen. Ich wollte nach fünf oder zehn Jahren wieder zurück nach Polen. Meine Eltern waren sehr traurig, aber sie wollten auch, dass ich es versuche. Mein Papa sagte: „Wenn es schiefläuft, hast du immer noch ein Zuhause, in das du zurückkehren kannst."

In Polen habe ich meinen Job gekündigt und alles, was ich noch an Schulden hatte, zurückgezahlt. Ich hatte dann noch etwas Erspartes übrig, mit dem ich mich auf den Weg nach Deutschland gemacht habe. Zuerst bin ich in einem Studentenwohnheim in Frankfurt untergekommen. Das war damals viel einfacher als heute. Ich musste aber eine hohe Miete bezahlen, zumindest aus meiner Sicht. Ich war dann jeden Tag damit beschäftigt, einen Job zu finden, habe die Stadt kreuz und quer durchlaufen. Ich habe mir alle Autos mit Firmenaufdrucken angeschaut, was ist das für eine Firma, wo ist sie, was macht sie, und habe mir die Telefonnummern aufgeschrieben.

Mit Ladengeschäften habe ich das auch gemacht, aber da war ich mir nicht sicher, ob sie mich auch schwarz beschäftigen würden. Ich hatte damals ja keine Arbeitserlaubnis. Ich war mit einem 90-Tage-Visum eingereist, also mit einem Touristenvisum. Ich habe dann bei einer Firma angerufen. Ein junger Mann sagte, seine Firma sei sehr klein, und er habe bereits einen türkischen Angestellten. Eigentlich hätte er keine zweite Kraft gebraucht, aber ich bin dennoch zum Probearbeiten hin. Nach zwei Stunden hat er dann gefragt: „Krzysztof, willst du bei mir bleiben?" Er hat dann für mich eine kleine Wohnung angemietet, und mein Geld habe ich bar bekommen.

Es war eine sehr schwierige Situation. Einmal bin ich von zwei Polizisten kontrolliert worden; ich war gerade in Frankfurt unterwegs mit dem Auto. Das Fahrzeug voll mit Arbeitsmaterial, ich in Arbeitskleidung und dann den beiden Beamten erklären, dass ich nur ein Tourist bin, der einem Freund einen Gefallen tut. Ich musste immer wieder Ausreden erfinden, aber Gott sei Dank bin ich nicht so oft kontrolliert worden.

Aber einmal war es ganz schlimm. Ich saß auf einer Parkbank, als zwei Beamte kamen und mich kontrollieren wollten. Ich sah nicht anders aus als die anderen Menschen auf der Straße. Ich war anständig angezogen, also nichts Auffälliges. Sie haben sich meinen Pass zeigen lassen, meinen Geldbeutel durchsucht, alles Mögliche. Dann haben sie Tausende von Fragen gestellt, wie ich nach Deutschland gekommen sei, was ich hier mache usw. Das alles auf offener Straße. Dann musste ich mich bis auf die Unterhose ausziehen. Sie haben mich nicht angefasst, aber mit den Augen kontrolliert. Es war eine heftige Situation. Viele Freunde, denen ich das erzählt habe, haben gesagt, dass sie das wahrscheinlich nicht ausgehalten hätten und am nächsten Tag nach Hause geflogen wären. Es war eine extreme Sache, aber die Geschichte war da noch nicht zu Ende. Als ich in der Unterhose dastand, haben sie gesagt, dass ich mich wieder anziehen darf. Dann wollten sie wissen, wo ich wohne. Ich habe gesagt, bei Bekannten. Sie fragten, ob das die Wohnungsschlüssel seien. Als ich das bejahte, haben sie mich bis zur Wohnung begleitet. Das waren ungefähr zwei Kilometer bis zur Wohnung. Zu Fuß! Das kam mir wie eine Ewigkeit vor! Normalerweise hatte ich einen eigenen Eingang zu der Wohnung, aber jetzt musste ich ja durch den Haupteingang rein. An dem Schlüsselbund gab es drei Schlüssel, einer für den Haupteingang, einer für die Wohnung und einen für den Eingang um die Ecke. Also drei Schlüssel. Wir kommen an und einer der beiden sagt: „Also, wenn jetzt Ihr Schlüssel in den Zylinder passt, dann haben Sie Glück, wenn nicht, haben Sie kein Glück mehr." Ich greife in meine Tasche, hole die Schlüssel raus und irgendwie blieb einer zwischen meinen Fingern hängen. Und ich nahm ihn, das war ein Schlüssel, den ich noch nie benutzt hatte. Ich drehte ihn um, und die Tür ging auf. Die beiden Herren sagten „Guten Abend", machten kehrt und gingen. Was für eine Situation! Ich habe wochenlang gezittert. Erst zwei Jahre später habe ich einen richtigen Job gefunden. Da fing mein Leben an, bergauf zu gehen. Die Botschaft hatte mich darin unterstützt, einen legalen Aufenthalt zu bekommen. Das war gut.

Schon als kleines Kind habe ich gespürt, dass ich auf Jungs stehe. Ich habe nie Interesse an Mädels gehabt, nie. Nicht einmal als kleiner Junge in der Tagesstätte. Nie Mädchen, nur Kerle, Kerle, Kerle. Als 16-Jähriger habe ich dann meine erste sexuelle Erfahrung mit einem 23-jährigen Mann gehabt. Wir hatten Spaß miteinander, mehr auch nicht. Beziehungen, also Beziehungen, die länger gelaufen sind, davon habe ich zwei gehabt. Meine erste Beziehung habe ich am Strand kennengelernt. Polen grenzt im Norden an die Ostsee. Meinen zweiten Partner habe ich in einem Saunabad kennengelernt.

Dort gibt es schwule Treffpunkte. Es gibt auch Treffpunkte in Parks, aber die Kriminalität hat ziemlich zugenommen, das ist sehr gefährlich geworden. Die Gay-Szene wird in Polen derzeit extrem unterdrückt, und trotzdem funktioniert sie irgendwie. In Polen gibt es eine starke Schwulenbewegung, viele Aktivisten, die sagen: „Ja, wir sind so. Ihr müsst uns so akzeptieren."

Meinen Eltern habe ich erst dann erzählt, dass ich schwul bin, als ich schon in Deutschland lebte und eine feste Beziehung hatte. Davor hatte ich immer wieder gesagt, dass ich mich mit Mädels treffe. Homosexualität war ein großes Tabu. Nicht in unserer Familie, sondern allgemein. Damals, als ich jünger war, war das eine sehr schlechte Sache. Und ich habe nicht den Mut gehabt, mich in diese Richtung zu äußern. Ich konnte meinen Spaß haben, ich konnte meine Freunde treffen, alles lief super. Nur zu Hause war es so, dass ich von Mädels erzählt habe, nicht von Kerlen.

Einmal ergab es die Situation, dass ich in Polen zu Besuch war und meiner Mama gesagt habe: „Du, Mutti, ich muss kurz mit dir reden." Und sie ist zu mir gekommen: „Na, dann sag doch!" Ich habe zu ihr gesagt: „Es ist nicht so einfach, darüber zu reden, weil es eine große Sache ist. Es ist nicht wie ‚Morgen kaufen wir uns ein Kilo Brot', sondern ..." Sie sagte: „Willst du vielleicht sagen, dass du auf Kerle stehst?" Ich wollte zuerst nicht so einfach damit rausrücken und habe das aber dann bejaht. Und meine Mama hatte einen Riesen-Schock. Sie konnte weder Ja noch Nein sagen. Sie sagte: „Das verstehe ich nicht. In unserer Familie gibt es keinen anderen Schwulen. Wie kann das sein? Weder bei deinem Vater noch in meiner Familie." Sie hat sich umgedreht und ist aus der Küche gegangen. Wir hatten dann drei Wochen Pause, kein „Hallo", nichts. Sie kam damit einfach nicht klar. Meine Mutter hat nie wieder darüber gesprochen. Mein Vater hat eigentlich ein gutes Gespür für das Menschliche. Und doch konnte ich mit ihm nie reden. Papa war für mich nur als Vater da, aber nicht so als Vater, wie ich ihn mir erwünscht hätte. Mit ihm über Schwierigkeiten zu reden, das war nicht möglich. Meine Schwestern scheinen es zu wissen, denn bei einem Besuch in Polen habe ich erzählt, dass ich eine Beziehung habe. Eine sagte: „Ach, tatsächlich? Ich hätte nicht gedacht, dass du auf Kerle stehst!" Später bin ich dann mit meinem Kerl nach Polen zu meiner Familie gefahren. Seitdem ist er so angenommen wie der eigene Sohn.

Kennengelernt habe ich meinen jetzigen Kerl durch ein Online-Portal. Ich habe mir sein Profil öfter angeschaut, aber ihn nie angeschrieben. Er hat dann reagiert und geschrieben, wenn ich schon sein Profil so oft anschaue, solle ich wenigstens „Hallo" sagen. Ich habe geantwortet, dass ich keinen Mut hatte, ihn anzusprechen. Er hat dann gefragt, ob wir uns nicht einmal treffen wollen. Mein Partner stammt aus Spanien, und wir wohnen seit einigen Jahren zusammen. Aufenthaltsrechtlich ist das kein Problem. Wir reden manchmal drüber, uns zu verpartnern, aber ich bin eher ein langsamer Typ. Wir haben schon viele „Auf und Abs" gehabt. Die Abs schweißen die Menschen sehr stark zusammen. An meinem Arbeitsplatz lebe ich offen schwul. Es gibt Kollegen, die sehen das ganz locker, und andere, die müssen erst einmal darüber reden: „Wie ist das?" und „Was heißt das?" Manche haben nicht einmal eine Ahnung davon, was Schwulsein bedeutet. Es gibt viele Fragen, und ich beantworte sie, so gut ich kann. Aber nur in einem für mich akzeptablen Rahmen, nicht übertrieben.

Wir sind alle getauft, mein Papa ist evangelisch-reformiert, meine Mama katholisch. Meine Schwestern und ich sind auch katholisch, aber gläubig in diesem Sinne sind wir nicht. Es spielt keine Rolle, auch was das Thema Homosexualität angeht.

Ich bin nicht überall geoutet und achte auf mein Benehmen, so dass ich nicht auffalle. Ich bin vorsichtig und gebe nicht zu viel von mir preis. Es gibt überall auf der Welt immer noch Menschen, die mit Homosexualität ihre Probleme haben. Wenn ich ihnen begegne, versuche ich schon, offen auf sie zuzugehen. Aber man muss auch eine Grenze haben, also „Bis hier hin und nicht weiter". Dann funktioniert alles perfekt.

EZRA
34 Jahre, deutsch-israelisch

„Ich hatte früh erkannt,
dass ich zuerst religiös und dann schwul bin."

Meine Urgroßmutter ist Überlebende der Schoah. Trotzdem ist unsere Familie in den siebziger Jahren nach Deutschland zurückgekehrt. Ich bin hier geboren, und meine Eltern und ich leben in Berlin. Hier gibt es eine große jüdische Gemeinde und auch jüdische Schulen. Die Synagogen, Schulen und Kindergärten werden von der Polizei tagaus, tagein bewacht. Ein komisches Gefühl. Meine Urgroßmutter hat sich mit ihren Kindern während der NS-Zeit bei einem Pfarrer versteckt und hat so überlebt. Nach Ende des Krieges sind sie sofort nach Israel ausgewandert. Ich wusste lange nichts über unsere Familiengeschichte, und Religion hat in unserer Familie keine große Rolle gespielt.

Mit einem Kulturverein bin ich nach Israel geflogen, als ich 16 war. Wir waren drei Wochen in einem fremden Land, mit einer ganz anderen Geschichte und mit dieser ausgeprägten Religion. Wir fuhren nach Jerusalem. Die Stadt war total faszinierend. Wir haben bei moderaten religiösen Familien gewohnt und haben koscher gegessen. Die Frauen haben Kopftücher getragen, und wir haben gemeinsam Sabbat gefeiert. Für mich war das wie eine Erlösung; endlich gab es Antworten auf all meine Fragen, die ich mir schon immer gestellt hatte. Ich bin mit vielen Fragen nach Hause gekommen, und meine Großmutter hat mir dann erklärt, dass wir eigentlich eine jüdische

Familie sind. Sie hat mir von meiner Urgroßmutter, ihren Kindern und ihrem Versteck bei dem Pfarrer erzählt und dass dann im Ort niemand mehr wusste, dass wir eigentlich Juden waren. Für mich hat sich rückblickend eine ganze Menge erklärt, warum meine Großmutter zweierlei Geschirr hat und zweierlei Besteck und dass es in unserer Familie noch heute traditionelle Gerichte gibt, gerade samstags.

Ich habe dann angefangen, Hebräisch zu lernen und mich mit dem Judentum auseinanderzusetzen. Schließlich habe ich Kontakt mit einer jüdischen Gemeinde aufgenommen und mich peu à peu integriert. Das führte dazu, dass ich immer religiöser wurde und immer strenger religiös gelebt habe. Ich habe meinen Rabbiner gefragt, ob er eine Möglichkeit sieht, mich in Israel in einer orthodoxen Familie unterzubringen. Das war nicht so einfach, denn Orthodoxe würden niemals einen Deutschen und nicht lupenreinen Juden aufnehmen. Mein Rabbiner hat dennoch eine Familie gefunden, die zwar orthodox, aber liberal genug war, mich aufzunehmen. Ich habe das religiöse Leben sehr genossen, aber letztlich die soziale Kontrolle nicht ausgehalten. Nach drei Monaten habe ich meinen Aufenthalt in der Familie beendet. Meine Gastfamilie wusste natürlich nicht, dass ich schwul bin, und für mich hatte es eigentlich auch keine Rolle gespielt. Mir war klar, dass ich enthaltsam leben und mich auf die Gebote konzentrieren würde. Aber ich wurde immer wieder damit konfrontiert, dass ich mit Anfang zwanzig noch nicht verheiratet war. Deshalb wurde ich sehr argwöhnisch betrachtet. Ich fühlte mich nie wirklich akzeptiert, alleine wegen der Tatsache, dass ich nicht verheiratet war.

Vor meinem Aufenthalt in der orthodoxen Familie in Jerusalem hatte ich in Deutschland schon orthodox gelebt. Ich wollte mich an die Reinheitsgebote halten, und irgendwann habe ich mich davor geekelt, dass meine schwulen Freunde so ungezügelt Sex hatten. Dadurch, dass ich mich aus der schwulen Szene rausgezogen hatte, war ich aber auch sehr einsam. In Berlin gibt es nur wenige religiöse Juden in meinem Alter. Nach meinem Aufenthalt in Israel war mir klar, dass ich jüdisch leben möchte, aber nicht unbedingt orthodox.

Ich hatte früh erkannt, dass ich zuerst religiös und dann schwul bin. Das stand für mich aber nie im Gegensatz zueinander. Ich fand, das könne man miteinander in Einklang bringen. Und wenn ich einmal darum ringen musste, stand für mich die Religion im Vordergrund, weil meine Religiosität zuerst da war. In Deutschland war mir klar, dass ich mich integrieren muss und so jüdisch leben will, wie man eben in Deutschland jüdisch sein kann. Und als schwuler Mann. Zu Hause habe ich eine koschere Küche, und ich esse auch kein Schweinefleisch. Unsere Katzen leben auch koscher, sie bekommen kein Schweinefleisch und auch keine Gelatine, die aus Schwein gemacht ist. Aber außerhalb meines Zuhauses ist eben nichts mehr koscher, und ich esse dann, worauf ich Lust habe. Das machen meine Katzen wahrscheinlich auch, wenn sie draußen sind. Ich habe auch keine Berührungsängste mehr mit Frauen oder mit anderen schwulen Männern. Wenn Gott uns nach seinem Ebenbild geschaffen hat, dann hat er uns genau so geschaffen, wie wir sind. Und dann liebt er uns auch so. Wenn Gott mich so gemacht hat, wie er das will, und davon bin ich überzeugt, dann bin ich gut so, wie ich bin.

Ich habe mich intensiv damit auseinandergesetzt, was es heißt, jüdisch und schwul zu sein. Der Talmud billigt verschiedene Sexualpraktiken, sofern sie nicht der Verhütung dienen. Man soll Sex haben, weil man Spaß daran hat, die Liebe betont und die Beziehung vertieft. Das gilt auch für Analsex. Wenn diese Praktik heterosexuellen Paaren erlaubt ist, warum dann nicht auch schwulen Paaren?

Aber solange ich orthodox gelebt habe, hatte ich keine Beziehung zu einem Mann. Jetzt lebe ich mit einem Mann zusammen, der überhaupt nicht religiös ist. Er versteht nicht alles, was ich tue, aber er lässt mir meinen Freiraum. Er käme nie auf die Idee, mir ein Schweinefilet vor die Nase zu setzen, und benutzt die verschiedenen Bestecke usw.

Mein schwules Coming-out hat mich ziemlich umgehauen. Ich war verliebt in einen Jungen, der aber nicht wirklich etwas von mir wissen wollte. Ich war total neben der Spur und habe das meinen Eltern erzählt. Für meine Eltern war mein Schwulsein kein Problem; mein Vater hatte früher selbst einmal homoerotische Erfahrungen gesammelt. Mich hat das völlig irritiert, gerade, dass sie mit mir über ihre eigene Sexualität gesprochen haben. Das wollen Kinder nicht unbedingt von ihren Eltern hören. Aber es hat ein tiefes Vertrauen geschaffen zwischen mir und meinen Eltern.

Mit meiner Religiosität kommen sie nicht so gut klar. Sie verstehen das nicht, aber inzwischen akzeptieren sie es. Eigentlich war das für sie schwieriger, meinen teilweise doch sehr orthodox gelebten jüdischen Glauben zu akzeptieren als meine Homosexualität.

Nach meinem Coming-out und meinem ersten Liebeskummer war ich kein Kind von Traurigkeit. Wenn ich Sex hatte, war das in dem Moment kein Problem, aber danach hatte ich ein schlechtes Gewissen und dann teilweise wochenlang keinen Sex, auch nicht mit mir selbst. Ich hatte mich gegen meinen Sexualtrieb gewehrt und Blockaden im Kopf. Aber dann kam mein Trieb wieder durch, und ich habe dann Dinge gemacht, die ich anschließend bereut habe. So ging das eine ganze Weile. Es hat lange gedauert, bis ich meinen Sexualtrieb als Teil von mir anerkennen konnte.

Inzwischen kenne ich ein paar schwule Juden, zu denen ich losen Kontakt habe. Aber mein religiöses Leben und mein schwules Leben haben wenig miteinander zu tun. Das sind zwei Parallelwelten mit relativ wenig Verbindung zueinander.

Wenn ich in der Synagoge bin und bete, ist es mir egal, ob ich schwul oder hetero bin. Schließlich habe ich dort keinen Sex. Und dann spielen meine Gedanken zu Sex und meinem Schwulsein auch keine Rolle. Natürlich sage ich nicht bei jeder Gelegenheit, dass ich schwul bin, aber wenn man mich in eine bestimmte Ecke drücken will, werde ich offensiv. Das wäre auch in der Synagoge so. Aber in dem Moment, in dem ich bete, spielt das keine Rolle. Für mich ist Religion wichtig, weil sie mir Struktur in meinem Leben gibt, in meinem Alltag. Ich glaube, ich kann ohne Struktur nicht leben, ich würde mich total verloren fühlen. Ich muss alles in meinem Leben strukturieren; mit Religion hat das eigentlich nichts zu tun. Man bringt mich ganz schnell aus der Fassung, wenn man mir meinen Tagesablauf, den ich mir zurechtgelegt habe, durcheinanderbringt.

Ich habe noch nicht darüber nachgedacht, ob mein schwules Leben oder meine schwule Identität in meinem Alltag eine große Rolle spielen. Ich bin mir sicher, dass das so ist. Aber ich weiß es nicht. Ich bin ich. Inzwischen bekomme ich meine Religiosität und mein Schwulsein besser unter einen Hut und habe viele schwule Freunde, junge und ältere. Aber wir gehen nur selten in die Szene. Auch mit meinem Lebenspartner gehe ich nur selten aus. Ich empfinde vieles als sehr oberflächlich. Wenn man da über dreißig ist, gehört man schon zum alten Eisen. Ich fände es schön, wenn sich die Community mehr öffnen würde, so dass alle hier Platz hätten: Junge, Alte, Schwule, Transen oder Queers. Eigentlich ist die sexuelle Identität völlig unwichtig. Wenn man sich auf einen Menschen einlässt, der einem gegenübersitzt, ist das, was er in seinem Privatleben sexuell veranstaltet, unwichtig. Ich weiß auch nicht, ob ich in eine schwule Synagoge gehen würde oder in eine Regenbogen-Synagoge, wenn es so etwas geben würde.

DAJANA
38 Jahre, deutsch–bosnisch

„Auf einmal haben alle Puzzleteile zusammengepasst."

Meine Eltern stammen aus Bosnien-Herzegowina, mein Vater aus Mostar, von der bosniakischen Seite. Meine Mutter kommt aus einem Dorf weiter nördlich. Ich selbst habe da nie gelebt, ich bin in Münster geboren. Aber meine Wurzeln bleiben ja meine Wurzeln.

Bosnien ist ein sehr armes Land, und eigentlich wollten meine Eltern in die USA auswandern, aber das war meiner Mutter dann doch zu weit. Sie sind schließlich in Deutschland hängen geblieben, sie wollten Geld verdienen und ein besseres Leben haben. Meine Eltern haben in Bosnien ein Haus gebaut und wollten nach zehn oder fünfzehn Jahren wieder zurück. Aber dieses Zurückgehen, das gab es halt nicht. Ich hatte bis zu meinem 27. Lebensjahr einen bosnischen Pass, weil es nie geplant war, dass ich in Deutschland bleibe.

Von Kindesbeinen an bin ich es gewohnt, dass auf Ausländer geschimpft wurde. Es waren „die blöden Ausländer" oder „die blöden Türken" und so. Und wenn ich dann gesagt habe, „Hallo, ich bin auch Ausländer!", hieß es dann: „Aber du bist ja nicht gemeint." Aber wenn ich auf der Straße einem fremdenfeindlichen Menschen begegne, urteilt er nach meinem Aussehen. Und mein Aussehen ist mein Aussehen. Der weiß nicht, wie integriert ich bin. Wenn er also jemanden schlagen oder beleidigen will, wird es mich genauso treffen wie jeden anderen Ausländer auch.

Meine Eltern haben sich sehr früh getrennt, als ich ungefähr drei Jahre alt war. Ich und meine Geschwister sind damals bei unserem Vater geblieben, und mein Vater war dann sehr lange mit einer deutschen Frau zusammen. Ich sehe sie eher als meine Mutter, sie hat mich großgezogen. Wir waren dann eine Patchworkfamilie. Meine neue Mutter hat noch zwei Kinder mit in die Ehe gebracht. Als ich Anfang 20 war, ist sie gestorben. Das war eine Zeit, in der viel bei mir schiefgelaufen ist. Ich war zwar mit meiner Ausbildung fertig; der Betrieb hat mich aber nicht übernommen. Und auf einmal war meine leibliche Mutter da und wollte mir erzählen, was ich mit meinem Leben anfangen soll. Aber es war nicht ihr Verdienst, dass ich einen vernünftigen Schulabschluss und eine Ausbildung gemacht habe. Wie dem auch sei, ich war und bin immer noch ziemlich wütend auf sie und will sie nicht in meinem Leben haben.

Ich habe immer gedacht, dass ich heiraten und Kinder bekommen werde und so meinen Teil zur Gesellschaft beitragen werde. Lesben waren für mich Frauen, die nur keinen Mann abbekommen haben. Dass ich auf Frauen stehe, hätte ich eigentlich schon immer wissen können, aber so hatte ich meine erste Freundin erst mit 31 Jahren. Als Kind habe ich mich in meinen Träumen und Fantasien immer in Mädchen verliebt. In meinen Fantasien war ich aber keine Frau, sondern ein Junge. Dank einer Jugendzeitschrift war ich der festen Überzeugung, dass das nur eine Phase war. Meine Schwestern haben mir das normale heterosexuelle Verhalten vorgelebt, und als Frau muss man eigentlich nur nicht „Nein" sagen, und dann kommt man auch irgendwie zu einer Beziehung. Die meisten Menschen glauben, dass die Frau erobert werden will, also sagt man halt nicht „Nein", und dann ist gut. So bin ich zu einer Beziehung gekommen. Nein zu sagen musste ich erst lernen. Ich bin relativ streng und konservativ erzogen worden.

Lesben habe ich erst in meiner Ausbildung kennengelernt und habe dann festgestellt, dass sie eigentlich ganz nett sind. Aber ich habe mich ganz klar nicht dazu gezählt. Und dann habe ich mich während meiner Ausbildung in ein anderes Mädchen verliebt. Ich habe mich ihr gegenüber ziemlich dämlich verhalten und habe ihr auch nie gesagt, dass ich in sie verliebt war. Ende zwanzig, als ich meinen Arbeitsplatz gewechselt habe, hatte ich dann eine lesbische Kollegin. Sie war auf ihre Weise sehr attraktiv, und sie hatte eine ebenfalls sehr attraktive Freundin. Und da habe ich zum ersten Mal verstanden, dass Lesben durchaus auch Männer haben könnten, sie aber einfach nicht wollen. Durch die Bekanntschaft mit ihr und ihrer Freundin wurde das plötzlich ein Lebensentwurf, der für mich ein Stück akzeptabler geworden war.

Ich war damals schon sehr lange mit einem Mann zusammen, und wir wollten heiraten. Er hatte ein recht bequemes Leben mit mir. Ich habe die Wohnung bezahlt, unser Leben finanziert und neben der Arbeit noch Journalistik studiert. Eines Tages habe ich gedacht, dass das Leben für mich an seiner Seite bestimmt nicht besser wird, auch dann nicht, wenn ich mit dem Studium fertig bin und wir geheiratet haben. Mein Partner hatte damals auch studiert, und als er dann fertig war und einen Job hatte, dachte er, dass er jetzt mehr Geld hat. Es war nichts mehr davon zu hören oder zu sehen, dass ich während des Studiums gejobbt, nebenbei studiert und ihn durchgefüttert habe. Meine Alarmglocken sind dann losgegangen, als er sagte, dass er keine deutsche Freundin wolle, sie seien ihm zu emanzipiert. Ich dachte dann: „Oh, irgendetwas mache ich falsch!"

Wie es der Zufall wollte, haben wir einem schwulen Arbeitskollegen bei seinem Umzug geholfen. Und da war auch eine andere Frau, seine beste Freundin. Und sie war lesbisch. Diese

Frau hat mich danach nicht mehr losgelassen. Ich hatte mich total in sie verknallt. Ich hatte sie nur einmal in meinem Leben gesehen, aber das Entscheidende war, dass ich begann, von ihr zu träumen. Es war das erste Mal in meinem Leben, dass ich als Frau von einer Frau geträumt habe. Auf einmal haben alle Puzzleteile zusammengepasst. Ich habe mich von meinem Freund getrennt und dann mein Leben neu sortiert. In einer Therapie habe ich dann gelernt, mich so zu akzeptieren, wie ich bin. Und dann hatte ich mit 31 meine erste Freundin. Ich habe sie in der Szene kennengelernt, aber nach knapp drei Jahren war es vorbei. Meine jetzige Frau habe ich in der Community kennengelernt, in einer lesbisch-schwulen Tanzschule. Wir sind jetzt seit fast drei Jahren verheiratet.

Meine Schwester hatte von Anfang an gesagt, dass es ihr egal sei, wen ich mit nach Hause bringe. Wenn ich mich für einen Menschen entscheide, gehört er zu mir. Deswegen sei ihr dieser Mensch immer willkommen. Auch meine anderen Geschwister fanden mein Lesbischsein okay. Mein Vater aber war nicht gerade glücklich, dass ich eine Frau heirate. Er war der Überzeugung, dass ich das nur aus Enttäuschung tue. Nachdem ich meine erste Beziehung beendet hatte, hatte er schon die Hoffnung, dass ich wieder mit einem Mann zusammenkommen würde. Als ich dann meine jetzige Frau heiraten wollte, habe ich ihm gesagt, dass ich mir wünsche, dass er bei meiner Hochzeit dabei ist. Er sagte nur: „Natürlich bin ich da."

Er mag meine Frau, aber das ist auch ein Dilemma für ihn. Sie ist kein Mann, aber er mag sie trotzdem. Er ist sogar so weit gegangen, seiner Familie in Bosnien zu erzählen, dass ich eine Frau heirate. Die Reaktionen waren sehr unterschiedlich, von „Na ja, sie ist alt genug, sie muss wissen, was sie tut" bis hin zu „Man muss ihr nur einmal links und rechts eine runterhauen, dann wird sie schon zur Vernunft kommen." Aber ein Cousin von mir ist die lange Strecke nach Deutschland gekommen, um bei meiner Hochzeit dabei zu sein.

Bei den Vorbereitungen habe ich gemerkt, dass ich doch nicht so ganz deutsch bin. Ich fand es toll, dass mein Cousin mit seiner Frau gekommen ist, und ich habe mich dann auch gerne um sie gekümmert. Meine Frau meinte aber, dass sie doch gar nicht eingeladen seien und wie sie dazu kämen, einfach so aufzutauchen und zur Hochzeit zur kommen. Da sind dann Welten aufeinandergeprallt. Bei uns in Bosnien-Herzegowina schickt man niemandem eine Einladung. Zu Familienfesten kommt, wer will. Die Einladung ist also nur die Information an die Familie, dass etwas ansteht.

Bei uns in der Familie gibt es sehr konservative und traditionelle Rollen. Meine Mutter sagte immer: „Ihr könnt doch nicht erwarten, dass euer Vater dieses oder jenes macht, er ist doch ein Mann." Aber mein Papa hat immer viel gekocht, vor allem bosnisches Essen, also „Balkanküche". Aber so etwas wie Spülen hat er nie gemacht; er ist dann lieber in den Garten und hat sich handwerklich betätigt. Meinem Vater sind seine Traditionen, seine Herkunft und seine Religion sehr wichtig. Wir sind Orthodoxe, also bosnische Orthodoxe, und es gibt bestimmte Highlights, die ihm wichtig sind. Zum Beispiel das orthodoxe Weihnachtsfest, das orthodoxe Ostern und unser Schutzpatron. Der wird immer an den ältesten Sohn weitergegeben. Sofern mein beruflicher Alltag es hergibt, mache ich die Feste mit. Aber die Kirche macht es einem schwer, sich für Religion zu begeistern, weil sie uns Lesben und Schwule ja verbannt. Und doch bin ich gläubig.

Wegen der Religion hat mein Vater einen Riesen-Konflikt, aber auch wegen seiner Vorstellungen, wie er sich mein Leben gewünscht hätte. Wenn eine meiner Schwestern ihm gesagt hätte, dass sie auf Frauen stünde, hätte er mit ihr keinen Ton mehr gesprochen, sie wäre verbannt worden. Aber ich hatte ir-

gendwie immer einen Sonderstatus, und er hat mich ein bisschen wie einen Jungen erzogen. Wenn im Garten etwas gemacht werden musste oder wenn etwas repariert werden musste, dann war ich diejenige, die ihm immer geholfen hat. Mein
Lesbischsein war für ihn ein großes Thema. Aber für mich war
es ja auch ein großes Thema.

So richtig reden kann ich mit meinem Vater nicht. Er war
immer in der Rolle, zwar da zu sein, aber nicht zu erziehen.
Das war die Aufgabe der Mutter. Dazu kommt noch, dass er
bis heute nur sehr schlecht deutsch spricht. Und ich spreche
kein Bosnisch. Früher, als meine Mutter noch lebte, ist sie mit
ihm zu den Ämtern gegangen und war einkaufen. Als sie dann
gestorben ist, habe ich das übernommen. Wir wollten einmal
einen Fernseher kaufen, der Verkäufer hat mich gesiezt und
meinen Vater geduzt. Eigentlich kann man es den Ausländern nicht vorwerfen, wenn sie kein richtiges Deutsch können.
„Weißt du?", „Weißt du das und das?" Dann braucht man sich
nicht zu wundern, wenn ein Ausländer zu einem hinkommt
und sagt: „Weißt du Tankstelle?" Mein Vater ist immer so angesprochen worden, und als Nächstes kommt dann: „Kannst du
kein Deutsch?"

Einmal war ich mit meiner Frau in Bosnien und wir haben
meine Verwandtschaft besucht. Erzählt haben wir nicht, dass
wir ein Paar sind. Im Prinzip konnten sich alle ihren Teil denken. Bei uns spricht man nicht über so etwas, und wenn man
nicht darüber spricht, ist es auch nicht da. Unterhalten haben
wir uns auf Englisch. Für sie bin ich „die Deutsche". Lange
Zeit habe ich mich zwischen den Stühlen gesehen, da war ich
„die Deutsche", und in Deutschland bin ich „die Ausländerin".
Als Kinder ist uns einmal ein Ball in Nachbars Garten gefallen.
Der Nachbar meinte dann: „Das macht man vielleicht da, wo
ihr herkommt, aber hier in Deutschland wird so etwas nicht
gemacht! Bei uns toben Kinder nicht so!"

Bosnien stand lange unter osmanischer Herrschaft, mein Vater hat deshalb starke Vorurteile gegenüber Türken, Albanern und anderen Muslimen. Und ich merke, dass ich diese Vorbehalte auch habe, obwohl mir nie jemand etwas getan hat. Aber wenn ich sehe, da ist jemand Moslem, dann gehe ich automatisch auf Distanz. Das ist nicht die Lebenserfahrung, sondern sozusagen „historisch gewachsen". Meinem Vater war es wichtig, uns die Geschichte von der osmanischen Herrschaft zu erzählen, und ich bin die Tochter meines Vaters, ob ich will oder nicht.

Die lesbische Community hier in Köln finde ich nicht sehr gastfreundlich. Ich wünsche mir die Offenheit und Herzlichkeit, die ich von den Balkanländern kenne, einfach deren Gastfreundschaft. Ich finde es schrecklich, erst kritisch beäugt zu werden und wenn jemand gut aussieht, als „Frischfleisch" gewertet und konsumiert zu werden. Ich wünsche mir, dass die Lesben aufhören würden, immer nur Rechte und Anerkennung zu fordern und stattdessen auch einmal Respekt und Offenheit zeigen würden.

GYULA

17 Jahre, ungarisch

„Innerhalb von zwei Stunden wusste es
die ganze Klasse und ich saß in der Scheiße."

Ich komme aus Ungarn und bin mit acht Jahren nach Deutschland gezogen. Wir fahren regelmäßig nach Ungarn, aber für mich ist es hier besser. Die Diskriminierung ist in Ungarn ziemlich extrem. Wenn ich mich da outen würde, wäre das eine Katastrophe. Ich glaube, seit Viktor Orbán an der Macht ist, ist es viel schlimmer geworden. Es gibt zahlreiche Übergriffe auf Schwule. Vielleicht kann ich später einmal zurück, aber jetzt sicherlich nicht. Das wäre mir viel zu gefährlich.

Meine Eltern haben sich früh scheiden lassen, und meine Mutter hat mich alleine aufgezogen. Ich bin in Deutschland zur Schule gegangen, später bin ich auf das Gymnasium gewechselt. Da bin ich dann aber rausgeflogen, da ich unendlich viele Fehltage hatte. Ich bin nicht mehr zur Schule gegangen, weil ich dort wegen meines Schwulseins gemobbt wurde. Ich hatte mich bei einer Klassenkameradin geoutet; ich dachte, dass sie dichthält. Innerhalb von zwei Stunden wusste es die ganze Klasse und ich saß in der Scheiße. Wir waren 30 Schüler und Schülerinnen in meiner Klasse, und es gab nur vier Deutsche. Der Rest hatte einen Migrationshintergrund. Die Jungs aus dem türkischen und arabischen Raum hatten ein echtes Problem mit meinem Schwulsein. Sie haben mir vor oder nach der Schule aufgelauert, meine Jacke oder mein T-Shirt zerrissen.

Es ging schon richtig ans Körperliche. Ich wurde geschubst, beleidigt und meine Sachen wurden auf die Straße geworfen. Und dann habe ich mir gedacht: Bevor es eskaliert, komme ich einfach gar nicht mehr. Zuerst habe ich versucht, Hilfe von den Lehrern zu bekommen, aber sie haben mir nicht geglaubt. Nach zehn Jahren Schule hatte ich keine Schulpflicht mehr, und dann hatte ich überhaupt keinen Schulabschluss. Um wenigstens den Realschulabschluss machen zu können, brauche ich einen Hauptschulabschluss. Über die Lehrerkooperative konnte ich ihn dann nachholen.

In meiner neuen Klasse habe ich mich gleich geoutet. Gleich gab es einen dummen Spruch und ich dachte mir: Bevor es so anfängt wie in der alten Schule, gehe ich mit den Schülern, die das mitbekommen haben, zur Direktorin. Ich habe ihr erzählt, was vorgefallen war, und sie ist richtig ausgerastet. Sie hat dem Schüler mit einem Schulverweis gedroht und hat ein Aufklärungsprojekt in die Schule geholt. Sie hat mich richtig unterstützt. Das mit dem Schulaufklärungsprojekt ist aber nicht gut gelaufen. Nach der Pause waren nur noch neun Schüler da, sieben Mädchen und mit mir zwei Jungs. Dem anderen Jungen war es eigentlich egal, er hätte das Projekt nicht gebraucht. Die anderen Jungs haben wohl gedacht, dass sie alleine schon vom Zuhören schwul werden könnten.

Durch einen dummen Zufall hat meine Mutter von meiner Homosexualität erfahren. Ich war auf einer Webseite für schwule Jugendliche, und wenn man eine Nachricht bekommt, klingelt es. Meine Mutter ist dann zu meinem Computer hin und hat geschaut, was da klingelt. Dann hat sie gesehen, dass ich auf einer Webseite für schwule Jugendliche war, DBNA, und sie hat mich dann gleich gefragt, ob ich schwul bin. Erst bin ich ausgewichen und habe sie angegriffen, weil sie in mein Zimmer gekommen war. Schließlich habe ich es zugegeben, und sie meinte, dass das kein Problem sei. Aber ich sollte es meiner

Verwandtschaft nicht sagen, besonders nicht meiner Oma. Sie lebt in Ungarn und ist sehr rassistisch; sie hasst Dunkelhäutige, Schwule, Lesben, einfach alle, die anders sind. Inzwischen wissen es ein paar Verwandte, meine Cousine zum Beispiel. Sie war in Deutschland zu Besuch, als ich es ihr gesagt habe. Aber es ist nicht einfach. Ich habe schon Angst, dass unser Kontakt abbrechen könnte. In Ungarn passt meine Lebensweise nicht rein. Mein Onkel und eine Tante wissen es inzwischen auch, aber nicht von mir. Meine Mutter hat es ihnen erzählt. Ich fand das nicht so toll.

Ich habe dann eine Therapie gemacht, weil ich angeblich depressiv war, denn meine Mutter hatte meine Verunsicherung als Depression wahrgenommen. Aber letztlich habe ich Unterstützung gebraucht, um zu meinem Schwulsein stehen zu können.

Mein erster Freund hat mich auch gleich betrogen. Ich habe das Gefühl, wenn man in der Anfangsphase in die Szene geht, dass man dann viel ausprobiert, eigentlich so viel wie möglich. Ich finde, man testet zu viel aus, aber wenn man seine sexuelle Orientierung lange unterdrückt hat, will man ja viel ausprobieren. Meine Therapeutin hat mir dann vorgeschlagen, mal in eine schwule Jugendgruppe zu gehen. Das hat mir sehr geholfen, und ich fühle mich jetzt viel sicherer in meiner Identität. Vorher hat es mich einfach kaputt gemacht, aber die Leute von der Jugendgruppe haben mir gezeigt, dass es mir egal sein kann, was die Leute von mir denken.

Im Internet schaue ich mir ungarische Portale an. Ich möchte wissen, wie es den Leuten dort geht. Ich denke schon, dass man in Deutschland mehr tun sollte für Lesben, Schwule und Trans* aus anderen Ländern. Sie brauchen unsere Unterstützung.

MEBEST

34 Jahre, iranisch

„Nach Deutschland wollte ich, weil ich hoffte, hier mein Leben als schwuler Mann frei leben zu können."

Ich bin Alevit und stamme aus einer kleinen Stadt im nord-westlichen Iran. Ich habe noch sechs Geschwister: fünf Schwestern und einen Bruder. Mein Bruder ist acht Jahre älter als ich, er ist das dritte Kind, dann kamen noch zwei Schwestern und schließlich ich. Nach mir kam noch eine Schwester, die zwei Jahre jünger ist als ich. Meine Mutter ist gestorben, als ich Mitte zwanzig war. Bis auf eine Schwester leben alle inzwischen in Europa. Anfänglich habe ich in Deutschland bei einer meiner Schwestern gewohnt. Dort lebten ziemlich viele Verwandte von mir: mein Onkel, eine Tante, Cousins und Cousinen.

In Deutschland habe ich Sozialpädagogik studiert. Jetzt arbeite ich in einer Alteneinrichtung vor allem mit Persern und Türken.

Schon als Kind habe ich mich für Männer interessiert. Ich fand sie immer anziehend, aber ich wusste nicht, dass es so etwas wie Schwule gibt, deshalb habe ich auch mit niemandem darüber gesprochen. Einmal, da war ich schon ein Jugendlicher, war ich sehr deprimiert, weil ich mit niemandem über meine Gefühle für Männer sprechen konnte. Als ich 17 war, habe ich dann mit meinem besten Freund darüber geredet. Er stammte aus einer größeren Stadt im Iran und sagte, dass er Freunde habe, die auch „so" seien. Am nächsten Tag habe ich ihm dann gesagt, dass das nur ein Scherz gewesen sei, dass das nicht stimmen würde, was ich ihm erzählt hatte. Ich hatte große Angst vor der Polizei.

Das Studium war eine Möglichkeit, nach Deutschland zu kommen. Das war aber nicht mein eigentlicher Beweggrund. Nach Deutschland wollte ich, weil ich hoffte, hier mein Leben als schwuler Mann frei leben zu können.

Meinen ersten Mann habe ich dann über das Internet kennengelernt. Er stammte auch aus dem Iran und hatte bereits die deutsche Staatsbürgerschaft. Er war zehn Jahre älter als ich und drogensüchtig. Das habe ich allerdings erst mitbekommen, als wir zusammengezogen waren. Wegen seiner Sucht hatte er viele Schulden und war abends häufig weg. Wir haben dann geheiratet, damit ich hier bleiben kann, aber seine Drogensucht und alles, was dazugehört, haben die Beziehung für mich unerträglich gemacht. Ich wollte das nicht mehr mitmachen. Als wir uns trennten, waren wir bereits dreieinhalb Jahre verheiratet. Das genügte, um die deutsche Staatsbürgerschaft zu erhalten.

Wir haben nie offen schwul gelebt. Obwohl er nicht mit einer Frau verheiratet war, machte sich seine Familie keine Gedanken, denn er tat, was ein Hetero tun würde. Er spielte und ging in persische und türkische Cafés. Die Leute würden vielleicht denken, dass er sexuelle Probleme habe, aber sie würden nie drauf kommen, dass er schwul ist. Und unsere Verpartnerung haben wir geheim gehalten, da wusste niemand etwas davon.

Ich lebe auch heute noch nicht offen. In meiner Familie weiß es nur meine jüngere Schwester. Meine älteren Schwestern, mein Bruder und mein Vater wissen es nicht. Meine Mutter lebt nicht mehr. Zu einer meiner jüngeren Schwestern habe ich den Kontakt abgebrochen, weil sie versuchte, mein Schwulsein in der Familie weiterzuerzählen. Damals lebte meine Mutter noch, und Gott sei Dank hat meiner Schwester niemand geglaubt, dass ich schwul bin.

Aber ich nehme an, dass eine meiner älteren Schwestern es ahnt, weil sie weiß, dass ich mit einem Freund zusammen wohne. Aber sie verdrängt diesen Gedanken und will nicht darüber sprechen. Sie denkt, das ist bloß eine Wohngemeinschaft und wir verstehen uns sehr gut.

Meiner jüngeren Schwester hatte ich ja erzählt, dass ich mich zu Männern hingezogen fühle. Als sie es den anderen erzählte, sagte die eine im Iran gar nichts dazu. Die, die auch in Europa lebt, hat dann versucht, religiösen Druck auf mich auszuüben: Homosexualität sei eine Sünde, ich solle heiraten und könne meine Neigung dann ja heimlich ausleben. Später sagte sie dann, dass es doch keine Sünde sei, solange ich ein guter Mensch bin. Ich solle aber nur mit einem einzigen Mann zusammen sein und nicht immer wieder den Partner wechseln.

Als Alevit wünscht man sich, dass man die Homosexualität bis an sein Lebensende unterdrückt und damit klarkommt. So wie ein Mönch. Wenn man dieses Problem hat, sollte man sich unter Kontrolle halten und diesen Weg nicht einschlagen. Wir Aleviten sind sehr liberal, wenn es um Sünden geht. Wenn man sündigt, wird einem Allah vergeben, aber nicht, wenn man immer wieder dieselbe Sünde begeht. Allah hat uns auf die Welt gebracht und er weiß, dass wir schwach sind. Aber es gibt für mich wichtigere Dinge, die als Sünde gelten, zum Beispiel ist es eine Sünde, Menschen zu töten, und auch Lügen ist schlecht. Am Anfang dachte ich, Sex sei auch eine Sünde, aber jetzt sehe ich das nicht mehr als Sünde an, weil Gott uns so geschaffen hat.

Diskriminierung habe ich nicht erlebt, weil ich meine Homosexualität meistens geheim halte. Am Arbeitsplatz wissen es inzwischen ein paar Kollegen, aber vorher war da ein schwuler Kollege, der immer über sein sexuelles Leben geredet und die anderen genervt hat. Das kam komisch rüber. Ich weiß nicht, ob das Diskriminierung war. Ich habe deshalb Vorurteile gegenüber meinen Kollegen gehabt, weil ich dachte, dass die homophob seien. Aber nachdem ich erzählt habe, dass ich homosexuell bin, habe ich gemerkt, dass deren Kritik nur mit dem ehemaligen Kollegen zu tun hatte.

Ich halte meine Homosexualität geheim, weil ich beruflich vor allem mit Persern und Türken arbeite. Ich arbeite auch ehrenamtlich in der persischen Community. Dort berate ich Perser und Türken bei familiären Problemen und halte Vorträge zu psychosomatischen Krankheiten usw. Wenn herauskäme, dass ich schwul bin, würde sich niemand mehr von mir in der Altenpflegeeinrichtung betreuen lassen, und meine ehrenamtliche Tätigkeit wäre ich los. Das ist meine Angst.

Ein deutscher Kollege, von dem herauskäme, dass er schwul ist, würde sagen: „Egal, scheißegal. Der kann kommen oder es lassen!" Er hätte immer noch Patienten oder Klienten; er ist nicht auf jeden angewiesen. Aber ich arbeite ausschließlich mit Persern und Türken und bin auf jeden Einzelnen angewiesen.

Meine Patienten fragen oft, warum ich nicht heirate. Aber Gott sei Dank gibt es viele Leute, die auch mit 50 immer noch ledig sind. Davon profitiere ich. Eine Cousine ist auch schon über 45 Jahre alt und noch nicht verheiratet. Wenn mein Vater zu mir sagt: „Jetzt musst du heiraten", sage ich: „Ja, deine Nichte ist auch noch ledig." Ich will meinem Vater nicht erzählen, dass ich schwul bin. Ich glaube aber, wenn ich es ihm erzählen würde, würde er mich niemals ablehnen. Er würde mich auch niemals umbringen. Auch meine Geschwister würden mir nichts antun. Ich glaube eher, die Beziehung zu den anderen Verwandten würde dadurch schlechter werden. Also, wenn sie das erfahren würden, würden sie mich nicht mehr sehen wollen bzw. hinter meinem Rücken reden. Das wäre noch problematischer. Aber ich möchte meinen Vater nicht traurig machen, weil er schwer krank ist. Zu meiner Mutter hatte ich eine sehr enge Beziehung, aber nicht zu meinem Vater. Er ist ein dominanter Typ und hat meine Mutter oft geschlagen. Meine älteren Schwestern wurden auch von ihm geschlagen. Ich wurde auch geschlagen, aber nicht so oft. Er war kein Alkoholiker oder so, sondern das war seine Art. Deshalb ist meine Beziehung zu ihm immer noch nicht so eng wie zu meiner Mutter.

In die schwule Community gehe ich heute sehr selten. Anfänglich war ich oft dort, da war alles neu und interessant, aber jetzt habe ich Angst, dass hinter meinem Rücken über mich geredet wird. Deshalb habe ich mich zurückgezogen. Deutsche Schwule sind freier. Ich habe das Gefühl, sie sind sorgloser. Ich fühle mich manchmal so verklemmt. Die Deutschen, die tun, was sie denken. Und bei mir, ich muss immer nachdenken: „Ist das richtig?", „Soll ich das tun?" Ich muss das erst einmal mit mir ausmachen und reagiere erst dann. Ich habe das Gefühl, bei Deutschen ist das anders. Selbstbewusster sind sie. Das fehlt bei mir, Selbstbewusstsein. Ich kann noch nicht sagen: „Ich stehe auf Männer." So weit bin ich noch nicht. Vielleicht habe ich irgendwann diesen Mut. Dann sage ich es, egal, wie jemand reagiert oder die Verwandten das sehen. Aber ich bin noch nicht so mutig.

Ich bin eingebürgert, aber ich würde nicht sagen, dass ich „Deutscher" bin. Als Eingebürgerter wird man trotzdem anders behandelt als andere Deutsche. Das merkt man überall. Du bist Ausländer, du bleibst auch Ausländer. Auf der Arbeit merkst du das, bei den Behörden, auf der Straße sowieso. Bei den älteren Deutschen ganz offensichtlich, so wie sie dich anschauen, oder wenn es zu einem Gespräch kommt, machen sie immer Sprüche, die unangenehm sind. Das habe ich bisher eher bei älteren Leuten erlebt, aber auch bei den Schwulen im Chat wird oft nachgefragt, welcher Landsmann ich eigentlich bin. Und wenn ich sage, woher ich komme, haben schon einige gesagt, „Kein Interesse". Oder wenn einer sagt: „Du sprichst aber gut deutsch", alleine das ist schon Diskriminierung für mich, weil ich hier studiert habe, und dann kommt: „Dafür sprichst du aber gut deutsch." Man kann mich doch nicht mit den Migranten vergleichen, die seit zwanzig Jahren hier leben und immer noch kein Deutsch können. Die hatten nicht die Möglichkeit zu studieren! Manchmal kommt mir so eine Haltung schon sehr komisch vor.

Integration wäre für mich, sich gegenseitig zu respektieren, sich gegenseitig zu unterstützen, aneinander Interesse zu zeigen und Weiterentwicklungsmöglichkeiten anzubieten. Das Interesse kann nicht so einseitig laufen. Wenn ich als Ausländer hierher komme, heißt das, dass ich gerne hier sein möchte. Dann sollte ich mich eigentlich für die Kultur interessieren. Aber das heißt nicht, dass ich mich assimilieren lasse, sondern Respekt zeige. Aber entsprechend habe ich das Recht, von anderen das Gleiche zu erwarten.

AMINA
27 Jahre, burundisch

„Deine Familie wird wohl schlecht zu den Bullen gehen
und sagen: ‚Also ich kenne da jemanden,
der homosexuell ist.'"

Mein Vater ist Anfang der neunziger Jahre aus Burundi nach Deutschland gekommen. Es war das Streben nach Wohlstand. Er hat mit meiner Mutter und uns Kindern dort noch bei seinen Eltern gewohnt. Ich hatte mehrere Omas, weil mein Opa ja mehrere Frauen hatte, die mit ihm alle Kinder gezeugt haben, die dann alle mit mir verwandt sind, und wir haben alle zusammen in einem Haus gewohnt.

Ein Jahr, nachdem mein Vater nach Deutschland ausgewandert war, ist meine Mutter nachgekommen, während wir Kinder noch in Burundi geblieben sind. In Burundi haben wir dort gewohnt, wo wir immer gewohnt haben, nur dass meine Eltern nicht mehr da waren. Ungefähr zwei Jahre später, da war ich sieben oder acht Jahre alt, bin ich auch nach Deutschland gekommen. Jetzt bin ich 27, ich müsste dann eigentlich sieben Jahre alt gewesen sein. Meine Mutter weiß das nicht genau, mal war ich sieben, mal acht Jahre alt. Ich bin zusammen mit meinem kleinen Bruder Mohammed hierhergekommen, meine Schwester Heike wurde hier geboren. Wir waren Asylbewerber und haben in einem Asylheim gewohnt.

Zuerst war ich schwer krank, Malaria und Tuberkulose. Meine ersten vier Wochen in Deutschland habe ich im Krankenhaus verbracht. In dem Asylheim haben wir ein Jahr lang zu fünft in einem kleinen Zimmer gewohnt. Mein Vater kann sehr gut Englisch und Französisch, und die deutsche Sprache hat er auch sehr schnell gelernt. Er hat sich dann um alles gekümmert. Von dem Asylheim sind wir in eine andere Einrichtung gezogen, dort hatten wir zwei Zimmer. Meine Eltern haben sich ein Zimmer geteilt, und wir Kinder wohnten in dem anderen Zimmer. Danach sind wir in die Stadt in eine 3-Zimmer-Wohnung gezogen.

Nach dem Krankenhaus bin ich in die erste Klasse gekommen. Die Grundschule war nicht so toll; ich fühlte mich immer so alleine. Irgendwann hatte mich die Lehrerin ganz nach hinten in die letzte Reihe gesetzt. Dort kam ich mir immer benachteiligt vor. Aber wir sind dann umgezogen, und ich kam in eine andere Schule. Und da war ich plötzlich die Beliebteste in der Klasse! Ich hatte immer Fußball gespielt, auch schon in Afrika. Ich war so gut, dass mich die Jungs echt angehimmelt haben! Ab da hatte ich in der Schule keine Probleme mehr. Nur war ich immer die Einzige, die afrikanisch war in der gesamten Schule. Und das hat mich manchmal traurig gestimmt. Meine kleine Schwester und mein Bruder hatten immer afrikanische Freunde, während ich keine anderen Schwarzen kannte. Das hatte sich einfach nicht ergeben.

Ich glaube, dass ich einen guten Start hatte, weil ich in dem Asylheim war. Da gab es viele Kinder, die so waren wie ich. Das Gelände des Asylheims war wie eine Stadt für sich. Wir hatten dort einen Spielplatz und einen Kindergarten. Ich war damals sieben Jahre alt, und da macht man sich keine Gedanken darüber, wo man gerade ist und warum. Ich war bei meiner Familie und hatte viele Kinder um mich; das war ich auch schon aus Burundi gewohnt. Ich hatte quasi das gleiche Leben wie in Afrika: Ich hatte auch dort eine große Familie und habe mit ganz vielen Kindern auf der Straße gespielt. Dort fand unser Leben vor allem auf der Straße statt. Und dann kam ich nach Deutschland, und da waren auch eine Straße, ein Spielplatz und ganz viele Kinder, mit denen ich spielen konnte. Und so habe ich keinen Kulturschock bekommen. Ich hatte nicht das Gefühl, dass mir etwas fehlt oder dass ich „anders" bin.

Ich fand Frauen schon immer sehr schön und wollte auf jeden Fall eine haben. Aber das ging nicht, weil ich ein Mädchen war. Also hatte ich schon als kleines Kind die Fantasie, dass ich ein Junge bin. Später in Deutschland hatte ich immer Jungs als Freunde, alleine schon wegen des Fußballs. Und natürlich auch wegen der sexuellen Neugier. Mit zwölf hatte ich dann meinen ersten Freund; mit dreizehn bin ich dann von zu Hause ausgezogen. Ich kam in ein Heim, eine Mädchenschutzstelle. Ich glaube, der erste Satz, den ich dort zu hören bekam, war: „Pass auf, die Betreuerinnen hier sind alle lesbisch!" Ich wusste nicht, was das bedeutet, und habe meine Betreuerin gefragt. Sie hat mir dann erklärt, was es bedeutet, lesbisch zu sein. Ich war überglücklich, denn jetzt wusste ich, dass ich eine Frau heiraten kann und dafür kein Mann mehr sein musste.

Einmal hatte ich eine gute Freundin, die aus Togo kam. Wir waren richtig dicke befreundet! Ich hatte mich dann in ein Mädchen verliebt, das auch in der Zuflucht gewohnt hat.

Meinen ersten Kuss hatte ich aber noch vorher mit meiner Freundin aus Togo: Ich hatte ihr erzählt, dass meine Betreuerinnen Lesben sind und dass das Frauen sind, die sich in Frauen verlieben und mit ihnen etwas haben. Und da war sie erst einmal total neugierig und hat mir angeboten, das einmal auszuprobieren: „Das würde mich jetzt schon interessieren!" Ich antwortete: „Was, spinnst du?" Und dann haben wird es ausprobiert. Es hat echt Spaß gemacht! Aber eines Tages hatte sie plötzlich einen Freund, und ich bin lesbisch geblieben. Dann hatte ich mich in das Mädchen verliebt, das auch in der Zuflucht gewohnt hatte.

Wir haben viel Zeit miteinander verbracht und sie gemeinsam genossen. Wir haben Spaß gehabt und Blödsinn gemacht. Damals waren wir einfach ein bisschen cool unterwegs. Wir haben nicht über unsere Probleme gesprochen oder über das, warum wir in die Mädchenzuflucht gekommen waren. Das finde ich eigentlich ganz gut.

Mit sechzehn bin ich dann in eine Pflegefamilie gekommen. Erst wusste ich nicht, was das ist, eine Pflegefamilie. Die Betreuerinnen von der Mädchenzuflucht haben mir dann erklärt, dass das Menschen sind, die Kinder aufnehmen und mit denen man zusammenwohnt. Ich wollte unbedingt wieder eine Familie haben, aber eine andere Familie als meine ursprüngliche und mit dieser zusammenwohnen. Allerdings mussten meine Eltern einwilligen. Sie stimmten widerwillig zu, denn die Betreuerinnen hatten angedroht, meinen Wunsch auch mit Hilfe eines Gerichtsverfahrens durchzusetzen. Und dann wären einige Dinge auf den Tisch gekommen, das wollten meine Eltern nicht. Ich habe mich in meiner Pflegefamilie sehr wohlgefühlt, meine Pflegemutter Sabine ist ein sehr mitfühlender Mensch und hat einfach gut zu mir gepasst. Ich habe sie damals gesehen und wusste einfach: „Ja, sie ist eine tolle Frau!" Und das ist sie noch heute.

Ich war auf der Realschule, einer Mädchenschule. Mein Vater hatte damals zwar mein Tagebuch gelesen; da standen meine Schwärmereien für Frauen drin. Aber er hat das nie wirklich ernst genommen, das war für ihn eher eine Pubertätsgeschichte. Er hat mich auf die Mädchenschule geschickt, weil ich eben viel mit Jungs zusammen war und er befürchtete, dass ich eine „Dummheit" begehen und schwanger werden könnte. In der Zeit, in der ich auf der Realschule war und in meiner Pflegefamilie lebte, bin ich oft ausgegangen. Meine Pflegemutter hat mir viele Freiheiten gelassen und mich gefördert, auch in der Schule. Sie hatte immer eine Antwort, wenn es mir schlecht

ging. Wir hatten eine gute Beziehung zueinander; wir haben
uns gegenseitig vertraut.

Ich konnte in alle Clubs, weil ich das Alter in meinem Schü-
lerausweis gefälscht hatte. Mit 18 habe ich dann in der Szene
Janni kennengelernt, eine Deutsche. Ich fand sie so toll, dass
ich mich mit ihr bei meiner Familie outen wollte, weil ich mich
für sie entscheiden würde, wenn es darauf ankäme. Ich habe
ihre Hand genommen und bin mit ihr zu meinen Eltern gegangen. Wir haben es ihnen erzählt, und mein Vater meinte:
„Das ist dein Leben. Mach doch, was du willst." Meine Mutter
war erst einmal geschockt und gleichzeitig sehr nachdenklich.
Sie wollte wissen, wie das geht. Sie wusste ja auch nicht, was
Lesbischsein ist. Meine Familie hat Janni aber gut aufgenommen; sie haben sie respektiert. Damit hatte ich eigentlich nicht
gerechnet, aber so war es letztendlich.

Als Kind war ich sehr aufmüpfig und habe meistens meinen
Kopf durchgesetzt. Ich durfte zum Beispiel irgendwann nicht
mehr Fußball spielen, habe es aber trotzdem getan. Und dafür wurde ich dann verprügelt. Ich habe auch andere Sachen
gemacht, mit denen meine Eltern nicht einverstanden waren,
zum Beispiel, als ich in die Mädchenzuflucht gegangen bin.
Mein Vater sagte damals: „Siehst du nicht, dass du uns im
Stich lässt, wenn du einfach gehst?" Meine Eltern haben uns
immer verprügelt; es war einfach die Erziehungsmethode. In
Afrika wäre es wahrscheinlich schlimmer gewesen, weil man
da nicht einfach gehen kann. In Deutschland konnte ich das
machen. Natürlich hätte ich auch bleiben können, das machen
wahrscheinlich viele, die den Mut nicht haben zu gehen, wenn
sie verprügelt werden. Ich habe es einfach nicht mehr ertragen
können. Es gibt Menschen, die ertragen Dinge ihr Leben lang,
weil sie nicht anders können, aber ich bin ziemlich schmerz-
empfindlich. Auch seelischer Schmerz, und da braucht es nicht
viel, bis ich sage: „Ich habe keinen Bock mehr." Ich glaube, so

bin ich bei vielen Dingen, die ich mache. Deswegen habe ich oft Sachen angefangen und nicht zu Ende gebracht. Wenn ich merke, dass ich auch nur ein klein wenig darunter leide, will ich das nicht länger machen. Andere wundern sich über mein Verhalten: „Wieso kannst du nicht einmal eine Sache zu Ende bringen?" Aber ich bin nicht der Typ, der etwas über sich ergehen lässt, um ein bestimmtes Ziel zu erreichen. Dann schlage ich lieber einen anderen Weg ein und will etwas anderes kennenlernen.

Ich habe die Realschule beendet und eine Ausbildung als Erzieherin angefangen. Ich musste mehr als ein Jahr auf mein BAföG warten und habe die Summe dann rückwirkend komplett ausbezahlt bekommen. Da habe ich meine Ausbildung unterbrochen und bin mit Janni für ein Jahr nach Burundi gegangen. Dort haben wir für eine Hilfsorganisation in einem Waisenhaus gearbeitet.

In Burundi konnten Janni und ich nicht zeigen, dass wir ein Paar waren. Meine Familie dort wusste es aber, also meine Tante und mein Onkel. Ich hatte es ihnen erzählt, und sie haben es auch respektiert. Janni war ein Mitglied der Familie. Mit ihr war es unkompliziert in Burundi; man muss ja versteckt leben und konnte es nicht öffentlich auf der Straße zeigen. Man wird ja deswegen verfolgt und kann ins Gefängnis kommen. Es ist halt illegal, wenn du eine Freundin hast. Wenn dich jemand auf dem Kieker hat, kann er dich verpetzen, aber deine Familie wird wohl schlecht zu den Bullen gehen und sagen: „Also, ich kenne da jemanden, der homosexuell ist." Das kann ich mir nicht vorstellen. Sollte das doch einmal der Fall sein, muss dieser Mensch einen großen Hass oder eine starke Abneigung gegen Homosexuelle oder gegen mich haben. Wenn Homosexualität wenigstens nicht illegal wäre, könnte man denjenigen aus dem Weg gehen, die einen beleidigen oder blöd anschauen. Aber so werden sie von der Justiz unterstützt. Auch wenn ich mein Lesbischsein in Burundi nicht offen leben kann und es für Janni und mich sehr schwierig war, wollte ich unbedingt dorthin, um zu helfen.

Nach einem Jahr sind wir nach Deutschland zurückgekehrt, und ich habe meine Ausbildung als Erzieherin fortgesetzt. Doch dann habe ich meine Ausbildung abgebrochen, auch weil meine Beziehung mit Janni zu Ende gegangen ist. Meine Verwandten in Burundi fragen heute noch nach ihr, sie wollen nicht begreifen, dass wir getrennt sind. So ist das halt bei uns in Burundi: Man trennt sich einfach nicht. Und wenn doch, hat man immer noch Kontakt zueinander. Wie dem auch sei, ich bin dann nach Köln gegangen und habe dort eine Ausbildung als Köchin angefangen, aber ich habe rasch gemerkt, dass das absolut nicht mein Ding ist. Also bin ich zurück nach Frankfurt und habe in einem Coffee-Shop gearbeitet. Das ist eine Kette, und so hatte ich die Möglichkeit, in verschiedenen Städten zu arbeiten, in Hamburg, Berlin, München, und jetzt bin ich eben wieder in Frankfurt. Ich habe aber gekündigt, ich wollte mal eine Pause machen. Das ist jetzt zwei Monate her, und jetzt suche ich wieder eine Stelle.

Meine nächste Freundin muss auch bereit sein, mit mir nach Burundi zu gehen. Das ist meine Heimat. Ich brauche keine Frau, die sagt: „Nein, wir bleiben in Deutschland, hier sind wir sicher." Ich habe mir nicht ausgesucht, aus Burundi zu kommen. Die Verbindung wird immer da sein. Aber im Moment stellt sich die Frage nicht. Es ist nicht leicht, eine Frau zu finden, die mich umhaut. Es sind einfach zu wenige. Mich sprechen sehr feminine Frauen an. Eine offensichtlich lesbische Frau käme für mich nicht in Frage, Kampflesbe oder so. Frauen, die sehr männlich auftreten und keinen Wert auf Weiblichkeit legen, denen man nicht gleich anmerkt, dass sie Frauen sind. Ich mag das nicht, weil ich sehr viel Wert auf ein feminines Auftreten lege.

Rassismus habe ich in Deutschland noch nicht erlebt. Nicht von Deutschen. Die trauen sich das nicht. Nur einmal im ICE, da hat ein Typ so einen Spruch abgelassen. Und ich dachte nur: „Ach, Vollidiot!" Aber für mich ist Rassismus okay, solange es mir konkret nicht schadet. Dann ist es einfach eine Form von Vorliebe und Abneigung in geschmacklicher Hinsicht. Ich nehme das nicht persönlich. In der Szene habe ich keine derartigen Erfahrungen gemacht, dass ich jetzt sagen würde, ich wäre deswegen gekränkt oder so. Aber wenn ich zum Beispiel einen Korb bekomme oder keine Antwort mehr erhalte, wenn ich auf einer Internet-Kontaktseite einer interessierten Frau mein Bild schicke, denke ich schon manchmal: „Okay, sie antwortet nicht, weil ich schwarz bin." Klar, das schießt einem durch den Kopf, aber das ist nichts Negatives für mich. Ich selektiere ja auch. Wenn sich zum Beispiel jemand aus Asien oder so für mich interessieren würde … auf Asiatinnen bin ich nicht scharf, auf die fahre ich nicht so wirklich ab. Also bin ich auch nicht gekränkt, wenn mich jemand zurückweist. Ich kann mich an keine Situation erinnern, in der ich wegen meiner Herkunft oder Hautfarbe zurückgewiesen worden wäre. Zumindest hat mir das niemand direkt gesagt.

Rassismus gibt es vor allem unter uns Ausländern. Aber manchmal, wenn ich in der Disko bin, fühle ich mich schon schwarz, da ich die einzige Schwarze unter den vielen Weißen bin. Ich fühle mich dann auch beobachtet. Und da ich nicht will, dass jemand merkt, dass ich lesbisch bin, kleide ich mich sehr weiblich. Ich möchte, dass man sieht, dass ich eine Frau bin. Aber meine schwarze Haut, die kann ich nicht einfach ablegen. Ich werde immer als Afrikanerin wahrgenommen. Ich kann nicht einfach sagen: „Ich bin eine Frau, die in Deutschland lebt." Ich spreche sehr gut deutsch, und habe die deutsche Kultur verinnerlicht. Wenn man sich mit mir unterhält, erkennt man die Afrikanerin nicht, weil wir nicht in Afrika leben, weil wir uns auf deutschem Boden bewegen und mein Verhalten entsprechend deutsch ist. Aber man sieht, sie ist eine Afrikanerin. Sie ist schwarz. Und das ist schon schade. Das passiert mir natürlich nicht, wenn ich in Burundi bin. Da bin ich wie jede andere, und ich genieße es, anonym zu sein. Deshalb wünsche ich mir manchmal, weiß zu sein und nicht aufzufallen. Ständig aufzufallen, das ist das Einzige, was mich stört. Und das ist auch der Grund, warum ich wieder zurück nach Afrika und dort leben will. Deutschland ist nie richtig meine Heimat geworden, deshalb habe ich nach wie vor nicht die deutsche Staatsbürgerschaft.

GROZDAN

36 Jahre, deutsch–mazedonisch

*„Seit meinem Coming-out hat sich das Verhältnis
zu meiner Familie positiv verändert."*

Ich bin jetzt 36 Jahre alt und komme aus Mannheim, d.h. ich bin in Mannheim geboren und aufgewachsen. Meine Eltern stammen aus Mazedonien, und ich habe eine Schwester, die ist acht Jahre älter. Ich bin in Mannheim zur Schule gegangen und habe dort mein Abitur gemacht. Danach wollte ich in einer anderen Stadt studieren, ich wollte aus meinem Elternhaus raus.

Auf dem Gymnasium war ich nur gegenüber meinen Schulfreunden geoutet. Erst mit 19 Jahren habe ich meiner Schwester erzählt, dass ich schwul bin; ich dachte, sie solle es wissen. Ich hatte ein relativ gutes Verhältnis zu ihr, also haben wir ein Treffen ausgemacht, und dann habe ich es ihr erzählt. Natürlich habe ich mich auch darüber geärgert, dass ich ständig nach einer Freundin gefragt wurde – vielleicht häufiger, als es in einer deutschen Familie üblich ist. Dennoch habe ich es nicht meinen Eltern erzählt, sondern nur meiner Schwester.

Meine Eltern wissen erst seit wenigen Wochen von meiner Homosexualität. Zuerst habe ich in Heidelberg studiert, dann im Ausland, danach ein Praktikum in den Vereinigten Staaten gemacht, und als ich zurück nach Deutschland kam, habe ich gleich angefangen zu arbeiten. Beruflich war ich wieder viel im Ausland, und als ich erneut nach Deutschland zurückgekehrt bin, habe ich in meiner eigenen Wohnung gelebt. Es war schon so, dass man versucht hat, das Privatleben ein Stück weit auszublenden.

Seit zweieinhalb Jahren wohne ich wieder in Mannheim und mit meinem Freund zusammen. Meine Eltern wussten das aber nicht, denn ich bin zuerst alleine in die Wohnung gezogen. Seit neuneinhalb Jahren bin ich mit meinem Freund zusammen. Es ist schon schwierig, wenn einer ein Familienleben hat, der andere aber nicht, und der Partner auch daran interessiert ist, in die Familie eingebunden zu werden. Aber zu Familienfesten oder anderen Anlässen bin ich immer ohne ihn gegangen. In dieser Zeit hatte ich den Kontakt zu meiner Familie auf das Notwendige beschränkt, d.h., ich bin nicht sehr häufig und ohne einen bestimmten Anlass zu meinen Eltern gefahren. Auch wenn meine Mutter öfter zum Kaffeetrinken vorbeikommen wollte, habe ich ihre Versuche einfach im Sand verlaufen lassen.

Der konkrete Anlass, mich gegenüber meinen Eltern zu outen, ist, dass ich mit meinem Freund zusammenziehe. Wir ziehen in eine gemeinsame Wohnung, und ich konnte mir nicht länger vorstellen, ein Geheimnis daraus zu machen. Auch hat mein Freund erwartet, dass man da endlich einmal Klarheit schafft. Meine Mutter hat eigentlich sehr positiv reagiert. Sie war aber in Sorge, dass mein Vater weniger tolerant sein würde, und wollte erst selbst mit ihm sprechen. Seit meinem Coming-out hat sich das Verhältnis zu meiner Familie positiv verändert. Vorher hatte sich meine Mutter aus meinem Leben ausgeschlossen gefühlt und sich große Sorgen gemacht. Jetzt weiß sie wenigstens, warum; das, was zwischen uns stand, ist jetzt geklärt.

Ich habe meinen Eltern erst so spät von meinem Schwulsein erzählt, weil ich befürchtet hatte, dass sie ablehnend reagieren würden. Ich konnte nicht einschätzen, ob sie mich ablehnen oder mein Schwulsein akzeptieren würden. Ich wusste nicht, ob sie damit klarkämen. Das Schlimmste, was mir hätte passieren können, wäre gewesen, dass sie nichts mehr mit mir zu tun haben wollten, nichts mehr von mir hören wollten. Aber während meiner Studienzeit war ich finanziell von ihnen abhängig, und ich hatte Sorge, ohne etwas dazustehen. Jetzt im Nachhinein hat sich gezeigt, dass das eine unbegründete Furcht gewesen ist. Aber damals konnte ich das nicht ausschließen, und deshalb wollte ich mich nicht outen. Später, als ich auf eigenen Füßen stand und von meinen Eltern nicht mehr finanziell abhängig war, habe ich es ihnen dennoch lange verschwiegen. Meine Familie bedeutet mir sehr viel, aber es gab eine Zeit, in der ich zwangsläufig mehr Abstand zu meinen Eltern hatte. Besonders in den letzten Wochen merke ich jedoch, dass ich mit meiner Familie viel mehr von meinem Leben teilen möchte.

Ich spreche zwar mazedonisch, aber nur mit meinen Eltern und mit meinen Verwandten. Mit meiner Schwester spreche ich nur deutsch. Der Großteil meiner Verwandtschaft lebt noch in Mazedonien, und die Freunde und Bekannten meiner Eltern kommen auch alle von dort. Deshalb wollten meine Eltern auch nicht, dass ich mein Schwulsein an die große Glocke hänge. Sie haben schon andere Moralvorstellungen als die Deutschen. So ist es für sie zum Beispiel durchaus erklärungsbedürftig, dass meine Schwester zwar jahrelang mit einem Mann zusammenlebt, ihn aber nicht heiratet und sich schließlich von ihm trennt. Aber auch eine Scheidung wäre für sie nicht vorstellbar. Und natürlich fragen mich meine Verwandten: „Schon 36 und immer noch nicht verheiratet?"

Meine Eltern sind ja selbst in einer zwiespältigen Situation: Sie leben in einer Gesellschaft, in der Homosexualität normal ist, aber in der mazedonischen Community gibt es andere Wertvorstellungen. Genauso ist es mit der Heimat: Da dreht sich die Welt ja auch weiter. Man ist daher zerrissen zwischen den Vorstellungen des Heimatlandes und denen der deutschen

Gesellschaft. In einer Familie zu leben, die migriert ist, empfinde ich dennoch als große Bereicherung. Man hat einen viel größeren Erfahrungsschatz, den man nicht hätte, wenn man nur in einem Land aufwächst und lebt.

Aber es gibt auch Erlebnisse, die ich als Benachteiligung bezeichnen würde. Als Ausländer oder Migrant macht man hier schon Erfahrungen, die man als Deutscher nicht macht. So muss ich zum Beispiel ständig meinen Namen buchstabieren. Oder meine Schwester sollte nicht auf das Gymnasium kommen, weil sie einen Migrationshintergrund hat. Die Lehrer haben gesagt, dass man von Migranten nicht erwarten dürfe, dass sie gut deutsch sprechen oder gute bis sehr gute schulische Leistungen erbringen. Ich habe die Schwierigkeiten meiner Schwester gesehen und war deshalb immer ein sehr guter Schüler, oft der Klassenbeste. Deshalb hatte ich solche Probleme nicht. Auf dem Gymnasium gab es dann nur wenige Ausländer; es war eher ein gutbürgerliches Milieu, was aber auch an der geografischen Lage der Schule gelegen haben kann. Wie dem auch sei, ich hatte dort keine Probleme.

Bei einigen Freunden, die ebenfalls einen Migrationshintergrund haben – ich finde das Wort übrigens schrecklich –, bekomme ich schon mit, dass mit ihnen langsam gesprochen wird, weil sie „ausländisch" aussehen und deshalb angenommen wird, dass sie nicht so gut Deutsch können.

Als Kind war ich in den Sommerferien oft in Mazedonien. Dort gilt Homosexualität als krankhaft. In Skopje gab es einen Gay Pride, bei dem LSBTIQ-Aktivisten angegriffen worden sind. Nationalisten haben zudem versucht, das LSBTIQ-Zentrum in Brand zu stecken. Ich verfolge schon, was da passiert. Hier in Deutschland war ich einmal in einem schwulen Jugendtreff, aber ich konnte mich damit nicht anfreunden, weil alleine die sexuelle Orientierung im Vordergrund stand. Vielleicht ist das ein bisschen weit hergeholt, aber alleine durch meinen Hintergrund hatte ich einfach andere Probleme als die Schwulen dort. Über Coming-out oder andere derartige Themen wollte ich nicht reden, weil ich noch nicht so weit war. Ich habe mich dann auch nicht weiter in der schwulen Community engagiert.

ADRIÁN

37 Jahre, spanisch

„Küsschen hier und Küsschen da und Händchen halten,
das würde ich meinem Vater nicht antun."

Ich bin in Spanien in der Nähe von Madrid aufgewachsen, meine Eltern und meine Schwester leben noch dort. Meine Eltern lieben Spanien, sie würden das Land nie verlassen. Wir sind nicht „typisch südländisch" erzogen worden; meinen Eltern war es sehr wichtig, dass wir früh Verantwortung übernehmen und selbstständig werden. Es war ihnen wichtig, uns eine moralische und ethische Grundlage zu schaffen, damit wir für unsere Werte und Ziele selbst einstehen können. Meine Schwester ist alleinerziehende Mutter, ich habe also noch einen Neffen. Sie wollte zwar ein Kind, aber nicht heiraten. Also hat sie sich einen Mann gesucht und mit ihm ein Kind gezeugt. Meine Eltern haben den Kindsvater vielleicht dreimal zu Gesicht bekommen.

Ich war schon recht früh selbstständig und bin mit 15 Jahren von Madrid aus mit dem Bus nach Paris gefahren. Ich wollte die Stadt einfach sehen und konnte nicht warten. Meine Eltern sagten: „Wenn du nach Paris willst, schau, dass du nach Paris kommst. Wir finanzieren dir das, aber du musst das schon selbst organisieren." Natürlich bin ich nicht alleine gefahren, sondern mit Schulkameraden. Ich war damals auch im Sportverein und habe Volleyball gespielt. Wir nahmen an Vereinsturnieren teil und sind viel herumgereist. Später bin ich dann in Madrid zur

Universität gegangen. Meine Eltern haben mir immer sehr viele Freiräume gelassen; ich glaube, ich war einer der wenigen Studenten, bei denen die Eltern nicht „überraschend" vor der Tür standen. Dienstagmorgens um elf Uhr: „Was machst du zu Hause, wieso bist du nicht an der Uni?"

Damals war ich nur mit Frauen zusammen, und auch während meiner Zeit an der Universität hatte ich eine feste Freundin. Ich habe Duena wirklich geliebt. Ich habe mir nie großartige Gedanken über Männer gemacht; vielleicht hatte ich meine Gefühle unterdrückt, ich weiß es nicht. Wenn ich einen attraktiven Mann in einem Schwimmanzug gesehen habe, war ich nicht erregt oder so. Ich habe das zwar gerne gesehen, war aber eher neidisch als erregt. Es war damals also nichts Sexuelles. Duena und ich wollten sogar heiraten, es war eine große, starke Liebe. Aber irgendwann, so mit 19 Jahren, wurden meine Gefühle für Männer stärker. Und wie das dann so ist, nur unter Alkoholeinfluss habe ich mich einmal getraut, mit einem Mann etwas anzufangen. Nichts Ernstes, nur so Spielereien, die Jungs in dem Alter machen: ein bisschen anfassen oder dann halt die Hand mal ein bisschen länger da liegen gelassen. Diese „latente Homosexualität" ist anscheinend in jedem Menschen vorhanden, das war sehr interessant. Damals dachte ich, dass ich vielleicht nicht homosexuell, aber zumindest bisexuell bin. Ich habe Duena wirklich geliebt, vielleicht war es mein Pech, oder ihr Pech und mein Glück, ich weiß es nicht, Schicksal; jedenfalls konnte ich kein Doppelleben führen. Zum Alibi eine Frau heiraten, zweimal in der Woche länger arbeiten und sich dann in irgendwelchen Saunen, auf einem Parkplatz, in einem Park, am Strand oder irgendwo mit einem Mann treffen. Nein, das wollte und konnte ich nicht. Ich habe also meinen ganzen Mut zusammengenommen und es Duena gesagt, meine Liebe zu ihr hat so mein Coming-out befördert. Eigentlich habe ich erst nur Schluss gemacht und ihr dann ein paar Tage später den Grund dafür genannt. Duena sagte, dass es kein Problem sei und schließlich alle jungen Männer homoerotische Erfahrungen gemacht hätten. Ich antwortete, dass ich nicht bei ihr bleiben könne, ich wisse nicht, wohin mich die Reise führen würde. Ich fände es ihr gegenüber unfair. Da wurde ihr klar, dass sie zwar mit einer anderen Frau, aber nicht mit anderen Männern konkurrieren kann. Es gab damals keinen besonderen Mann in meinem Leben. Aber alleine das Gefühl, dass ich sie betrügen würde, gedanklich, moralisch; ich bin nicht streng katholisch erzogen worden, aber schon mit konservativen Werten, das konnte ich nicht.

Ich habe dann meine ersten Erfahrungen in der spanischen Szene gesammelt. Und plötzlich habe ich sie gesehen, die schwule Welt. Sie ist immer da und sichtbar, wenn man sie denn sehen wollte; man musste nur genau hinschauen.

Meine Sexualität hat bei meinen Freunden keine Rolle gespielt. Wir waren immer noch eine gute Clique an der Universität, wir haben nach wie vor alles zusammen gemacht. Wir haben gelernt, geschlafen und gekocht; wir haben gespielt, gekifft, gesoffen, alles zusammen. Es war wirklich eine sehr schöne Zeit.

Homosexuell zu leben, war damals in Spanien nicht so einfach. Aber die homosexuelle Gemeinde hat es immer gegeben, sie war immer da. Es finden sich immer wieder neue Ecken und Plätze. Die Szene in Madrid war überschaubar, man lernt einen Schwulen kennen, dann lernst du fast alle anderen kennen. Es war eine Minderheitengruppe, und da muss man zusammenhalten und sich vertrauen. Aber ich hatte Probleme, mich richtig darauf einzulassen, es war ein Kopfproblem. Ich bin ein sehr kontrollierter Mensch, und mein Leben sollte nicht von meinem Trieb und meiner Sexualität bestimmt sein. Ich wollte weder meine Arbeit noch meine Freizeit danach ausrichten oder auf irgendwelche Sachen verzichten. Es sollte also nicht der dominante Teil meines Wesens werden. Gleichzeitig wollte ich mich nicht kasteien und sagen: „Einmal oder zweimal in der Woche oder einmal alle zwei Wochen, das reicht."

Ich hatte mich während meines Studiums bei einem europäischen Studienprogramm beworben, um Auslandserfahrungen zu sammeln. Deutschland war nicht meine erste Wahl, aber das Entscheidungsgremium dachte wohl, dass ich dort gut aufgehoben wäre. So bin ich nach Darmstadt gekommen. Mein Auslandsaufenthalt ist von Anfang an von Mentoren begleitet worden. Sie halfen mir, ein Zimmer zu finden, ein Konto zu eröffnen; sie sorgten dafür, dass ich ganz schnell einen Studentenausweis bekam. Ich war sozialversichert, einfach alles. Ich hatte sogar eine EC-Karte, das war damals eine große Ausnahme, denn ich hatte ja kein regelmäßiges Einkommen. Das Ankommen in diesem Land wurde mir durch diese Unterstützung sehr erleichtert. Wenn man keinen Beistand hat, sieht man nur die Hürden, nur das Negative. Die Unterstützung, die ich erlebt habe, hat es mir erlaubt, alles etwas positiver zu sehen, ich habe nicht nur die Kälte, die Bürokratie und die gestressten Menschen gesehen, sondern auch die guten Menschen.

Ich hatte mich sehr auf mein Studium konzentriert und nur lockere Kontakte in die Community gehabt. Durch die Uni hatte ich ein paar nette Menschen kennengelernt, und sie haben mir Tipps gegeben, wo ich hingehen könnte. Eine lesbische Freundin hat mir dann einen Job in einem Schnellrestaurant besorgt, und so hatte ich zusätzlich zu meinem Stipendium noch etwas Geld. Ich fühlte mich richtig reich, ich konnte einfach nach Amsterdam oder in eine andere Stadt fahren, die mich interessiert hat, und hatte dann immer noch Geld übrig. Gut, für mein sechs Quadratmeter großes Zimmer brauchte ich auch nicht viel. Wie dem auch sei, nach einem Jahr hatte ich mein Studium abgeschlossen und wollte brav zurück ins Heimatland. Aber mein Mentor fragte, ob ich nicht noch ein

Praktikum anschließen wolle. Ich hätte noch ein paar Monate mehr Zeit, meine Sprachkenntnisse zu verbessern, und es wäre natürlich auch ein Pluspunkt in meinem Lebenslauf. Also bin ich geblieben, und aus dem Praktikum wurde sofort eine Festanstellung. Ich habe den unbefristeten Vertrag in einen Jahresvertrag umwandeln lassen, ich wusste ja nicht, wie ich hier zurechtkommen würde. Ich konnte die Sprache nicht sehr gut, es war eine andere Kultur, ich hatte keine Familie und Freunde hier. Nach einem Jahr wollte ich dann wieder zurück nach Spanien. Aber dann bekam ich ein Angebot von meinem jetzigen Arbeitgeber, und ich bin geblieben. Das ist jetzt 15 Jahre her.

Nach dem Studium kam eine Phase der Entspannung, ich hatte das Diplom in meinen Händen, ich merkte, dass ich auf dem Arbeitsmarkt gut ankomme. Ich bin dann nach Frankfurt gezogen, habe ein bisschen „gespielt", ich wollte einige Sachen einfach einmal ausprobieren. Aber ich hatte auch noch etwas mit Frauen, ich dachte ja, dass ich bisexuell bin; es war sozusagen der letzte Versuch. Eine Beziehung mit einem Mann wollte ich auf keinen Fall.

Meine lesbische Freundin führte mich in die Frankfurter Szene ein, das war für mich ein richtiger Schock: Darkrooms, Gruppensex, Sling, Fist, Zunge, Leder, Latex, Jeans, glatt, haarig, Sodom und Gomorrha auf allen Ebenen. Ich wusste, wenn ich dieses Leben führen wollte, muss ich mich entscheiden; es gab für mich nur schwarz oder weiß, ich wollte kein Doppelleben führen. Ich bin also voll in das schwule Leben eingestiegen, mit allen Klischees und Drum und Dran. Mein Eindruck war, dass alle Schlampen sind. Man konnte mit jedem Sex haben, ob der nun verheiratet oder verpartnert war. Im Grunde hat jeder mit jedem gepoppt. Ich habe mich auf dieses Sexleben eingelassen, aber eine Beziehung war für mich ausgeschlossen. Schwule Beziehungen waren eh sehr kurzlebig, man hatte Sex, die Nacht miteinander verbracht; man sagte: „Ich liebe dich", es war die Liebe deines Lebens. Dann ist man morgens zusammen aufgewacht, hat gefrühstückt und sich nachmittags wieder getrennt. Ich hatte also ein Leben als „Freizeitschlampe", aber immer nur nach der Arbeit. Ich habe keinen Arbeitstag wegen meines Sexlebens versäumt oder bin zu spät gekommen. Aber ich war nie so ein „Raubtier", nach dem Motto: „Viele gehabt und sehr viel erlebt." Alles war sehr einfach, über eine Internetplattform konnte man Sexkontakte knüpfen. Wenn man „gut" war, wurde man sozusagen „weiterempfohlen".

Über Sex habe ich auch meinen jetzigen Partner kennengelernt. Er war total sexfixiert, er wollte auch keine feste Beziehung, einfach nur Spaß haben, ein bisschen ausprobieren, was das Leben so gibt. Ich dachte: „Das ist ein echt cooler Typ, das kann mein Kumpel werden." Die anderen Sexualpartner sind mir sehr schnell auf die Nerven gegangen, nach einmal Blasen, deinem Namen und drei weiteren Worten sagten sie: „Ich liebe dich, wollen wir zusammenziehen? Das Leben zusammen verbringen? Wollen wir verreisen? Kinder haben? Hunde und Katzen?"

Klaus war anders. Der Sex mit ihm war sehr gut. Keiner von uns wollte eine Beziehung, und wir haben uns angenehm unterhalten. Wir trafen uns dann immer häufiger; er gab auch gerne Partys für seine Freunde. Er hat sehr genau zwischen Sexpartnern und Freunden und Freundinnen unterschieden. Mit seinen Freunden hatte er nie Sex. Auch wenn er keine Beziehung hatte, musste er immer für „seine Gruppe" sorgen. Er hat dann und wann alle versammelt und etwas mit ihnen unternommen, mal Kanufahren, mal eine Plätzchenparty, oder halt Freunde zum Essen eingeladen. Wie gesagt, wir haben uns dann immer häufiger zum Sex getroffen, und irgendwann einmal, ganz spontan, sind wir zusammen zum Ferienmarkt auf dem Flughafen gefahren und dann einfach nach Ägypten geflogen. Als wir zurückkamen, hat er eines Tages vorgeschlagen, dass ich doch nach Frankfurt in seine Nähe ziehen solle. Das war in einer Zeit, in der ich sehr viel umgezogen bin. Deshalb wohnte ich da gerade in einem kleinen Ort im Taunus. Klaus meinte, ich könne eine Menge Geld sparen, wenn ich mir eine Wohnung in Frankfurt suchen würde. Ich verdiente zwar gut, aber das Geld zum Fenster rauswerfen wollte ich auch nicht.

Ich bin dann nach Frankfurt gezogen, jetzt waren die Wege zueinander kürzer. Meine neue Wohnung war relativ groß, aber eigentlich nicht für zwei Personen geeignet. Ich richtete sie mir ein, ich hatte eine wunderschöne rote Couch, einen Glastisch, einen schwarzen Schrank. Um die Ecke stand eine Blume, es gab einen Fernseher, einen DVD-Spieler, es war eine schöne Single-Wohnung. Aber meistens waren Klaus und ich zusammen, entweder war ich bei ihm oder er bei mir. So, wie es halt so ist. Und dann war alles plötzlich so weit weg, so umständlich. Eine halbe Stunde früher aufstehen und in seine Wohnung gehen, sich duschen und sich für die Arbeit fertigmachen. Oder abends dann in Bürokleidung losziehen. Das war natürlich unerträglich. Ja, und irgendwann schlug er vor, dass er bei mir einziehen könnte. Er listete alle Vorteile auf, ich hatte wenige Gegenargumente. Also zog er bei mir ein, und aus meiner schönen, stattlichen Junggesellenwohnung wurde eine kitschige Beziehungswohnung. Das ist jetzt länger als zehn Jahre her. Wir sind noch ein paar Mal umgezogen, und jetzt haben wir uns eine Wohnung gekauft.

Meine Eltern wissen von Klaus, aber sie kennen sich nicht. Meine Mutter liebt Schwule, sie verfolgt jedes Coming-out von den Stars und Sternchen in Spanien. Es gibt ja auch die Homo-Ehe in Spanien, das Land ist da etwas weiter als Deutschland. Aber mein Vater möchte sich nicht damit auseinandersetzen. Er ist Offizier in der spanischen Armee, dort werden die archaischen Männerwerte noch hochgehalten. Man darf keine Schwäche zeigen, man darf keine Tränen vergießen, man spürt keine Schmerzen, man braucht keinen Schlaf, jeder vögelt wenigstens 20 Frauen am Tag, jeder kann fünfmal, es ist eine reine Klischeewelt. Der Mann ist das starke Geschlecht, der Fels in der Brandung. Diese hehren Ansprüche machen Männer angreifbar; jemand, der nicht nach diesem Motto leben kann, ist eine Schwuchtel. Also, mein Vater respektiert das ein bisschen, aber er hatte Angst, dass meine Homosexualität auf ihn zurückfallen könnte. Es ist halt eine Angriffsfläche. Wir haben so eine Art Agreement, wir respektieren uns. Meine Eltern nehmen nicht teil an meinem Liebes- und Sexleben. Sie haben kein Interesse, Klaus kennenzulernen. Und von mir gibt es keine große Lust, ihn in meine Familie hineinzudrücken, sie zu provozieren. Sie kennen Klaus von Fotos, aber es gibt kein großes Interesse. Deshalb gibt es auch keine „Schwiegereltern-Besuche", jeder hat sein Leben. Ich respektiere meinen Vater sehr. Damals, als ich das meiner Mutter gesagt habe, hat er nur etwas geschaut, aber nie ein Wort darüber verloren. Er will nichts wissen und fragt auch nichts. Natürlich würde er es überleben, wie viele andere Eltern auch, er muss meine sexuelle Orientierung akzeptieren. Aber es gibt verschiedene Wege, damit umzugehen; man kann damit aggressiv oder ein wenig defensiver umgehen. Wenn es sich eines Tages ergeben sollte, klar, dann wird es so sein. Aber es gibt viele Hindernisse, Klaus spricht die Sprache nicht und bemüht sich auch nicht, sie zu lernen. Und meine Eltern sprechen kein Deutsch. Sie würden auch nicht nach Deutschland kommen wollen. Wenn es sein müsste, würde ich ihn meinen Eltern vorstellen, aber so dieses: „Das ist mein Freund" und Küsschen hier und Küsschen da und Händchen halten, das würde ich meinem Vater nicht antun. Ich möchte ihm aber auch kein anderes Bild von mir präsentieren, sonst hätte ich eine Frau geheiratet.

Später, also eines Tages, möchte ich wieder in ein südländisches Land zurück. Ich glaube, Deutschland hat eine ganz andere Beziehung zu älteren Menschen, als es im Süden üblich ist. Hier gibt es keinen Platz für alte Menschen, sie sind zu langsam, sie stören. Sie erbringen keine Leistungen mehr und fordern viel; niemand hier würde seine Eltern in seiner Wohnung aufnehmen. In Spanien ist das noch so.

In der schwulen Community habe ich nie Ausländerfeindlichkeit erlebt. Als Südländer bin ich da ein Exot, es war also von Vorteil für mich: Ich war begehrt und konnte viel ausprobieren. Aber in der Gesellschaft spüre ich das jeden Tag, das ist etwas, was zu mir gehört und mich ausmacht: Ich bin jemand, der jeden Tag als Migrant angesehen wird. Ich bin kein „native speaker", und ich versuche schon, die Sprache korrekt zu sprechen. Also kein „Weißt du", oder „Kriegst du". Aber die Sprache ist schwierig, ich vertausche immer noch die Artikel, Genitiv und Dativ sind nicht so einfach, da bringe ich manchmal noch etwas durcheinander. Aber ich merke es jeden Tag, in meiner Freizeit, an der Arbeit. Manche Menschen hassen grundsätzlich die Ausländer, es ist schon okay, sie haben das Recht, ihre Heimat zu schützen. Auf der Arbeit gibt es auch solche, sie *lieben* Ausländer, aber nur, wenn sie ein neues Putztuch in der Hand halten. Sie akzeptieren Migranten keinesfalls als Führungskräfte oder als jemanden, der ihnen etwas zu sagen hat. Die Mehrheit hat kein Problem damit, aber es wird immer einen Bodensatz von 10 bis 15 Prozent geben. Ich habe das Gefühl, einige sagen es nur nicht, sie trauen sich nicht. Es gibt das Antidiskriminierungsgesetz; in meinem Unternehmen wird intensiv dazu geschult. Aber bei den 10 Prozent, da merkt man, dass das nichts ändert. Entweder hassen sie Schwule oder sie hassen die Ausländer oder die Frauen oder andere, sie hassen immer irgendjemanden. Es wird sie immer geben.

Reflexion der Gespräche

Die Erzählungen haben mich sehr berührt, und ich habe viel Vertrautes, aber auch Fremdes entdeckt. Das holprige Coming-out gegenüber der Familie, das Ringen um die Liebe der Eltern; eine geografische Distanz, die Freiräume eröffnet; Geschwister als Geheimnisträger_innen, die erste unglückliche Liebesbeziehung; die Frage, wie offen ich eigentlich leben kann usw. – all das war mir sehr vertraut. Ich bin mir sicher, dass jede_r Leser_in in den Erzählungen Momente finden wird, die an die eigene Lebensgeschichte erinnern.

Anderes war mir fremd, und so bin ich auch dementsprechend darüber „gestolpert". Es fällt mir sehr schwer, nachzuvollziehen, dass Eltern ihr Kind sogar töten würden, nur weil sein Lebensweg nicht ihren Wertvorstellungen entspricht. Ehrenmord ist für mich sehr schwer fassbar – und doch eine Realität in Deutschland. Es fällt mir aber auch schwer, nachzuvollziehen, dass ein Mensch bereit ist, auf einen wesentlichen Teil seines Selbst zu verzichten, diesen Teil zu unterdrücken, um nach den Wertvorstellungen der Eltern zu leben. Ich finde, das ist ein sehr hoher Preis, den man zahlen würde. Aber ich glaube auch, dass ich als autochthone Deutsche nie *alles* verlieren würde, würde ich den Kontakt zu meinen Eltern abbrechen oder aufgeben. Das Land, die Kultur, die Sprache, alles bliebe mir vertraut – und ich hätte nicht das Gefühl, hier nicht gewollt zu sein. Andere aber schon; sie würden alles verlieren und sich hier immer noch fremd fühlen.

So stehen die Geschichten auch für eine innere und äußere Zerrissenheit. Die Erzählenden müssen einen Spagat vollbringen, wollen sie in beiden Welten – ihrer familiären Herkunft und ihrem homosexuellen Leben in Deutschland – zu Hause sein. Einige sind – zumindest jetzt noch – nicht so weit; andere wiederum haben es geschafft, beide Welten irgendwie in ihr Leben zu integrieren. Gelingt dieser Schritt, ist es ein „Spagat ins Glück".

Die Erzählungen verdeutlichen zentrale Ausgrenzungskategorien, die strukturell verankert sind und die ich in dem vorhergehenden Kapitel zu Intersektionalität aufgezeigt habe: Fremdenfeindlichkeit, Rassismus/Antisemitismus, Sexismus und Heterozentrismus/Homophobie. Strukturkategorien durchdringen alle gesellschaftlichen Bereiche und demzufolge auch die Subkulturen, wie die lesbisch-schwule Community eine ist. Es kommt also nicht von ungefähr, dass die Frage auftaucht, wie verbindend eigentlich Homosexualität als einziges vorherrschendes Diskriminierungsmerkmal sein kann. Es wird klar, dass es einigen migrantischen Lesben und Schwulen zu wenig ist, sich nur über die Homosexualität zu definieren, um sich in den Communitys aufgehoben zu fühlen.

Die Strukturkategorien, die in den Erzählungen offengelegt wurden, möchte ich näher beleuchten. Dazu habe ich entsprechende Zitate aus den Erzählungen ausgewählt.

Von Kindesbeinen an bin ich es gewohnt, dass auf Ausländer geschimpft wurde. Es waren „die blöden Ausländer" oder „die blöden Türken" und so. Und wenn ich dann gesagt habe, „Hallo, ich bin auch Ausländer!", hieß es dann: „Aber du bist ja nicht gemeint". (Dajana, Seite 77)

Ein zentraler Aspekt der biografischen Erzählungen ist die Migration. D.h., entweder sind die Erzähler_innen selbst, deren Eltern oder aber die Generation der Großeltern aus dem Herkunftsland ausgewandert; sie sind aus einem soziokulturellen Kontext in einen anderen gewandert. Zentral ist hier das Wandern, die Migration. Der deutsche Soziologe Georg Simmel (1992: 764) beschreibt etwas verschwurbelt das Wandern als „Gelöstheit von jedem gegebenen Raumpunkt, der im begrifflichen Gegensatz zu der Fixiertheit an einem solchen ist [...]" und „die soziologische Form des ‚Fremden' doch gewissermaßen die Einheit beider Bestimmungen" ist. Der Fremde ist also der, „der heute kommt und morgen bleibt [...]." Weiter schreibt Georg Simmel (Ebenda: 765): „Diese Position des Fremden verschärft sich für das Bewusstsein, wenn er, statt den Ort seiner Tätigkeit wieder zu verlassen, sich an ihm fixiert." Der_die Fremde ist also jemand, der von einem anderen Ort gekommen ist und bleibt.

Menschen, die ihr Herkunftsland verlassen, also wandern, haben dafür unterschiedliche Gründe: die Hoffnung auf wirtschaftlichen Wohlstand, Verfolgung im Heimatland, die Suche nach dem Glück usw. Sofern die Erzähler_innen um die Gründe der Migration wissen, ist meist die Hoffnung auf wirtschaftlichen Wohlstand bzw. der Wunsch, dass es ihnen in der Fremde besser ergehe als im Heimatland, ausschlaggebend gewesen. Die Wege, die die Erzählenden bzw. deren Eltern oder Großeltern gegangen sind, sind unterschiedlich: Viele Wanderungen können als „Arbeitsmigration" bezeichnet werden, andere als „Bildungsmigration". Der Wunsch nach wirtschaftlichem und sozialem Erfolg war ebenso tragend wie der Wunsch nach Bildung. Gerade die jüngeren Migrant_innen profitieren von einer Europäisierung des Bildungssystems, das „Wandern" wird durch den europäischen Austausch nicht nur befördert, sondern nahezu eine Pflicht.

Der Umstand der Migration kann allerdings zu einem Gefühl von Fremdheit führen, und zwar auf beiden Seiten: Diejenigen, die migrieren, können sich an dem neuen Ort, an dem sie sich niederlassen, fremd fühlen, und sie werden von den Einheimischen auch als Fremde angesehen. Fremdheit entsteht vor allem durch die Wahrnehmung von Anderssein. Fremdenfeindlichkeit wiederum beschreibt eine ablehnende Haltung gegenüber dem Anderssein, die sich in Abwertung oder auch in diskriminierendem oder gewalttätigem Verhalten ausdrücken kann. Dieses Anderssein kann an unterschiedlichen Aspekten festgemacht werden, zum Beispiel der Herkunft oder der Kultur. Die meisten Gesprächspartner_innen haben unterschiedliche Formen der Abwertung wegen ihrer Herkunft oder Nationalität erfahren. Allerdings bewerten sie diese sehr unterschiedlich, Grozdan antizipiert die diskriminierenden Erfahrungen seiner Schwester und wird ein erstklassiger Schüler, Amina findet Rassismus okay, solange er ihr nicht schadet, und Dajana findet ihn unerträglich. Adrián glaubt, dass es immer Menschen geben wird, die andere hassen, sei es wegen ihrer Homosexualität, ihrer Herkunft oder wegen ihres Geschlechts. Er arrangiert sich mit dieser Tatsache.

Fremdenfeindlichkeit und Rassismus/Antisemitismus gelten als Strukturkategorien, d.h. sind tief in die Gesellschaft eingeschrieben: Laut den Soziologinnen und Gender-Forscherinnen Gabriele Winker und Nina Degele (2009: 27) zeichnen sich Strukturkategorien dadurch aus, dass „soziale Praxen in strukturelle Herrschaftsverhältnisse" eingebunden werden. Fremdenfeindliche oder rassistische Abwertungen sind also nicht als individuelle Einstellungen oder als Handlungen einzelner Menschen zu betrachten, sondern als gesellschaftliches Kalkül.

Dabei ist Fremdenfeindlichkeit mit Rassismus/Antisemitismus nicht gleichzusetzen, denn bei Rassismus/Antisemitismus geht die Stigmatisierung bestimmter gesellschaftlicher Gruppen mit einer Biologisierung einher, d.h. „naturgegebene" Faktoren wie Hautfarbe, Form der Augen oder der Nase oder andere phänotypische Merkmale werden genutzt, um Menschen abzuwerten und auszugrenzen.

Einige der Erzählenden berichten von ihren Erfahrungen mit Fremdendfeindlichkeit und Rassismus. Dabei wird deutlich, dass diese nicht nur im öffentlichen Raum anzutreffen sind, sondern auch im sozialen Nahraum. Diesem kommt eine besondere Bedeutung zu, da ihm eine Schutzfunktion zugeschrieben wird. So berichtet Dajana auf Seite 77, dass sie bereits seit ihrer Kindheit Fremdenfeindlichkeit erlebt hat, sei es durch den Nachbarn oder später im Freundeskreis. Sie erzählt ein Geschehnis, in dem es im Freund_innenkreis zu abwertenden Äußerungen gegenüber Ausländern und Türken gekommen ist. Diese können gefallen sein, unwissend, dass „eine der ihren" davon betroffen sein könnte. Dajana ist eloquent, und ihre „Fremdheit" ist nicht an ihrem Äußeren festzumachen. Sie wird als „Deutsche" wahrgenommen und gerät sehr schnell in den *inner circle* des deutschen Selbstverständnisses. Weist sie dann darauf hin, dass sie eine Migrationsbiografie hat, wird nicht das verallgemeinerte Bild über Ausländer revidiert, sondern sie wird aus diesem Bild herausgenommen: „Du bist ja nicht gemeint." In der Schilderung dieses Vorfalls beschreibt sie eine gängige Möglichkeit, Fremdenfeindlichkeit strukturell zu etablieren, nämlich über die Verallgemeinerung: „die blöden Türken" oder „die blöden Ausländer". Die Vielfalt von Menschen kann in der

Verallgemeinerung nicht wahrgenommen, geschweige denn anerkannt werden. Stattdessen werden „Ausnahmen von der Regel" erzeugt. Dajana ist sich allerdings dessen sehr bewusst, dass sie von der Fremdenfeindlichkeit betroffen wäre, würden diese Menschen sie nicht kennen. Von besonderer Bedeutung ist auch, dass es sich dabei um Personen aus ihrem Freundeskreis handelt. Im Regelfall beruhen Freundschaften auf Offenheit, die auch eine Verletzlichkeit in sich birgt. Zugleich ist der Freundeskreis ein Schutzraum, in dem davon ausgegangen werden kann, nicht absichtlich verletzt zu werden und in seiner_ihrer Individualität akzeptiert zu werden. Dajana jedoch muss die Erfahrung machen, dass eben dieser Schutzraum brüchig ist, da sie nicht vollumfänglich angenommen wird; vielmehr lehnen zumindest einige ihrer Freund_innen einen bedeutenden Aspekt ihres Lebens ab. Fremdenfeindlichkeit verletzt sie. Und umso mehr, je näher ihr die Menschen stehen.

Von einer weit verbreiteten Form der Fremdenfeindlichkeit erzählt auch Mebest auf Seite 91, der auf die strukturelle Verankerung von Rassismus/Fremdenfeindlichkeit hinweist: „Als Eingebürgerter wird man trotzdem anders behandelt als andere Deutsche. Das merkt man überall. Du bist Ausländer, du bleibst auch Ausländer. Auf der Arbeit merkst du das, bei den Behörden, auf der Straße sowieso."

Weit verbreitet ist die Annahme, dass Ausländer grundsätzlich schlecht deutsch sprechen. Auch wenn das tatsächlich auf viele Migrant_innen zutreffen mag, muss das nicht notwendigerweise mit dem Umstand der Migration verknüpft sein, sondern beispielsweise mit mangelnden Bildungschancen. Mebest hat in Deutschland studiert, was voraussetzt, dass er der deutschen Sprache nicht nur mächtig ist, sondern sie auch auf einem akademischen Niveau beherrscht. Rückt jedoch seine Herkunft in den Vordergrund, wird angenommen, dass seine Deutschkenntnisse mangelhaft seien. Erweist sich das als

Irrtum, ist die Überraschung groß: „Dafür sprichst du aber gut deutsch." Seine akademische Laufbahn und die damit verbundenen sprachlichen Erfordernisse treten in den Hintergrund. Allerdings wird auch deutlich, dass Mebest sich darüber ärgert, mit jenen Migranten gleichgesetzt zu werden, die seit zwanzig Jahren in Deutschland leben und immer noch kein Deutsch können. Es ist ihm wichtig, sich von ihnen abzugrenzen. Ich vermute, dass die Fähigkeit, sich in der Sprache des aufnehmenden Landes fließend auszudrücken, für ihn ein Merkmal von „gelungener" Integration ist. Die Einbürgerung ist ebenfalls ein deutliches Zeichen, dazugehören zu wollen. Und so sehr er sich auch bemüht, er wird immer nur als „Ausländer" gesehen.

Besonders in den Erzählungen von Dajana und Mebest, aber auch in einigen anderen, wird deutlich, dass der Spracherwerb eine zentrale Rolle für die Bewertung einer „gelungenen" Integration von Migrant_innen spielt: „Obwohl er viele Jahre in Deutschland gelebt hat, spricht er kaum deutsch. Er hat es nicht gebraucht, weil mein Bruder und ich für ihn übersetzt haben" (Svetlana, Seite 61). Auch Adrián erzählt, dass er sich immer noch als Ausländer fühlt, weil er die deutsche Sprache nicht perfekt beherrscht. Mangelnde Kenntnisse der Sprache der „aufnehmenden" Gesellschaft gelten als Ausdruck einer nicht gelungenen Integration. Zugleich wird dieses „Defizit" verallgemeinert und negativ besetzt, so dass grundsätzlich erst einmal angenommen wird, dass Zuwander_innen schlecht deutsch sprechen – und folglich die Integrationsarbeit in Deutschland misslungen ist. Daraus ergibt sich ein „Teufelskreis": Deutsche reden in einfachem Deutsch mit Migrant_innen, und wenn diese dann die verkorkste Sprache aufgreifen, sehen sie sich in ihrem Urteil bestätigt. Erfüllt jemand dieses Klischee nicht, löst das zumindest kurzfristig eine Irritation aus. Diese wird durch die „Ausnahme von der Regel" aufgelöst. Das ist sehr praktisch.

Das eigene Weltbild mit den eigenen Vorurteilen kann auf-rechterhalten bleiben.

An dieser Stelle möchte ich einen kurzen Exkurs zu Vorur-teilen einfügen: Jeder Mensch hat Vorurteile. Wirklich jeder. Vorurteile haben auch Vorteile: Sie vereinfachen eine höchst komplexe Welt und tragen so dazu bei, sie uns verständlich zu machen. Nur, zu einfach ist auch nicht von Vorteil. Vorurtei-le haben auch eine Schutzfunktion: Wenn lesbische Frauen die Erfahrung machen, häufiger von jungen Männern nicht-deutscher Herkunft als von anderen Männern wegen ihres Les-bischseins attackiert zu werden, überlegen sich einige schon, ob sie bei der nächsten Begegnung mit ihnen mit ihren Lebens-gefährtinnen Händchen halten wollen. Das Vorurteil und die ihm innewohnende Verallgemeinerung, dass vor allem männ-liche Jugendliche nicht-deutscher Herkunft potenzielle Täter sind, schützt möglicherweise vor einer weiteren Attacke dieser gesellschaftlichen Gruppe. Allerdings lässt es die Frauen auch „erblinden" gegenüber anderen potenziellen Täter_innen. Sie werden diesen gegenüber viel verletzbarer, da sie nicht mit ei-nem Übergriff ansonsten „unverdächtiger" Menschen rechnen. Der_die Einzelne wird zum Repräsentanten einer bestimmten gesellschaftlichen Gruppe. Letztendlich führen Vorurteile zu Misstrauen und versperren den Blick auf einzelne Menschen. Eine offene Begegnung wird so unmöglich. Nicht alle männ-lichen Jugendlichen nicht-deutscher Herkunft sind homophob; einige von ihnen sind sogar schwul.

Ich denke nicht, dass es eine Welt ohne Vorurteile geben wird. Aber es ist unsere Aufgabe, sich eigener Vorurteile ge-wahr zu sein und diese regelmäßig zu überprüfen. Und wir sollten uns die Offenheit gegenüber dem_der Einzelnen be-wahren. Das ist keine moralische Frage, sondern wie ich ande-ren Menschen begegnen möchte und wie ich möchte, dass sie mir begegnen.

Johanna und Amina wiederum erzählen von Rassismus, d.h. von Abwertungen wegen ihrer Hautfarben. Beide Frauen sind in Deutschland zur Schule gegangen. Johanna musste sich im Sportunterricht abwertende Bemerkungen zu ihrer Hautfarbe anhören: „Na Johanna, hast du dich mal wieder nicht gewaschen?" (Seite 46). Amina begreift erst nach längerem Zögern, dass sie nicht nur unhöfliche, sondern auch rassistische Begegnunen hatte. Im Vordergrund steht für sie jedoch die Fremdheit, da sie ihre schwarze Hautfarbe tagtäglich „zu Markte" trägt. Für sie kann es keine Normalität geben, denn sie wird immer eine Schwarze unter Weißen sein. Gerne würde sie als eine Frau gesehen werden, die die deutsche Kultur verinnerlicht hat und gut deutsch spricht. Doch gesehen wird in ihr immer nur die Afrikanerin. Johanna wiederum wird zudem noch wegen der Form ihrer Nase diskriminiert, die als typisch „jüdisch" beschrieben wird. Dem Antisemitismus liegt ebenfalls eine Biologisierung zugrunde, die sich allerdings nur auf Menschen mit einer jüdischen Religionszugehörigkeit bezieht. So wie bei Rassismus werden bei Antisemitismus bestimmte äußere Merkmale abgewertet, so beispielsweise die Nase.

Das Erleben von Fremdenfeindlichkeit und Rassismus/Antisemitismus ist nicht auf den öffentlichen oder heteronormativen Raum beschränkt, sondern findet sich auch in den LSBTIQ-Communitys. Amina erzählt, dass sie auch über Online-Portale eine Partnerin sucht. Dabei sei es schon vorgekommen, dass ihr Gegenüber anfänglich interessiert gewesen sei, bis sie ihr ein Bild von sich geschickt habe. Dann sei der Kontakt abgebrochen worden. Auch Mebest erzählt, dass das Interesse an seiner Person endet, wenn er von seiner Herkunft erzählt; dann käme oft die Antwort: „Kein Interesse". Während Mebest diese Zurückweisung als Ausländerfeindlichkeit erlebt, eröffnet Amina eine andere Sichtweise, nämlich die einer Verknüpfung von Stereotypisierung und Attraktivität: Für sie sei „[...] Rassismus

okay, solange es mir konkret nicht schadet. Dann ist es einfach
eine Form von Vorliebe und Abneigung in geschmacklicher
Hinsicht. […] Ich selektiere ja auch. Wenn sich zum Beispiel
jemand aus Asien oder so für mich interessieren würde – auf
Asiatinnen bin ich nicht scharf, auf die fahre ich nicht so wirklich ab. Also bin ich auch nicht gekränkt, wenn mich jemand
zurückweist" (Seite 100). Amina betont den Umstand, dass bei
der Partner_innenwahl Stereotype zum Tragen kommen, die
über die Attraktivität einer Person entscheiden – und sie damit
zu einem Objekt der Begierde machen – oder eben auch nicht.
Dementsprechend kann auch sie durch ein Attraktivitätsraster
fallen und erlebt eine Zurückweisung. Aminas Lesart von Rassismus ist interessant, da sie auf die Verknüpfung von Attraktivität und Rassismus hinweist.

Wie sehr Rassismus und Attraktivität zusammengehören,
zeigt sich unter anderem an dem unter Schwulen weit verbreiteten „Reiz des Exotischen": Junge Männer aus Thailand oder
von den Philippinen (und offenbar manchmal auch aus Südeu-
ropa) stehen bei vielen Schwulen hoch im Kurs, hübsch anzuse-
hen und gut im Bett. Schwarze Männer haben, so wird generell
vermutet, einen großen Penis; zumindest einen größeren als
weiße Männer. Sehen sie noch wohltrainiert aus, übernimmt
das untere Hirn der schwulen Männer die Herrschaft. Man
kommt gar nicht umhin, den Exotismus als rassistisch zu cha-
rakterisieren: Im Vordergrund steht nicht der einzelne Mensch,
sondern das, was er verkörpert: sexuelle Potenz und sexuelle
Verfügbarkeit. Die Auswirkungen des Exotismus von Schwulen auf Migranten muss allerdings differenziert betrachtet werden: Adrián stammt aus Spanien und weiß um den Exotismus
in der Szene. Er macht ihn für sich nutzbar, denn er sieht, dass
seine Attraktivität mit seiner südländischen Herkunft steigt.
Betont er seine Herkunft, greift der Reiz des Exotischen, und
Adrián kommt leichter an Sexualkontakte heran und kann sei-

ne Bedürfnisse befriedigen. Adrián hat nichts zu verlieren, er begibt sich in kein Abhängigkeitsverhältnis und begegnet den autochthonen Schwulen auf Augenhöhe. Außerdem teilt er ein zentrales Selbstverständnis der Szene: Es geht um Sex und nicht um Liebe oder Beziehung.

Anders sieht die Situation allerdings bei Migranten aus, die aus einem Nicht-EU-Land stammen oder sogar illegal hier sind. Mit einer Beziehung zu einem Deutschen können sie ihren Status sichern oder sogar verbessern. Wird ein Sexualkontakt unter verschiedenen Voraussetzungen vollzogen, Liebe versus sexuelle Befriedigung, zieht logischerweise immer derjenige den Kürzeren, der sich mehr erhofft hat. Das ist aber nicht nur eine Frage von persönlicher Enttäuschung, die stellt sich nur, wenn sich beide auf Augenhöhe begegnen. Es geht um mehr, nämlich um Existenzsicherung. Durch die unterschiedlichen sozialen Ausgangsbedingungen und vielleicht auch durch die Unkenntnis über die Modalitäten der Szene werden Migranten sexuell ausgebeutet. Die Ausbeutung wiegt umso schwerer, als Nicht-EU-Migranten vom Wohl des deutschen Schwulen abhängen: Sie benötigen eine Aufenthaltserlaubnis, eine Verpartnerung könnte ihren aufenthaltsrechtlichen Status in Deutschland sichern, manche arbeiten illegal in Clubs, Saunen oder im Imbiss und sind auf die Verschwiegenheit der schwulen Männer angewiesen. Und auf die Arbeit, mit der sie auch ihre Familien in ihren Herkunftsländern finanziell unterstützen. Sie haben also ein ganz anderes Interesse an der Verbindung zu einem deutschen Schwulen – und werden häufig stattdessen bewertet und herumgereicht. Es geht mir nicht darum, das Recht auf sexuelle Freizügigkeit zu beschneiden[19]. Ich finde es aber wichtig, dass beide Parteien von den gleichen Bedingungen ausgehen und sich auf Augenhöhe begegnen.

Bei lesbischen Frauen kenne ich diese Art von Exotismus nicht. Natürlich gibt es auch unter Lesben Attraktivitätskriterien jenseits der Haarfarbe: Die Attraktivität einer Lesbe lässt mit ihrem Alter nach (das ist bei Schwulen auch so), dicke Lesben und Lesben, die zu „männlich" aussehen, haben es auf dem Partnerinnenmarkt schwer. Und migrantische Lesben ebenfalls. Diese Attraktivitätskriterien könnten auch als „Dickenfeindlichkeit", „verinnerlichte Heteronormativität" und „Rassismus" beschrieben werden. Der „verinnerlichten Heteronormativität" erliegt übrigens auch Amina. Ihr Bild von Weiblichkeit ist stark heteronormativ geprägt, „männlich aussehende" Lesben sind für sie nicht attraktiv.

Aminas Weg, Rassismus über den Bezug zur Attraktivität zu erklären, kann allerdings auch als Versuch, rassistische Übergriffe zu „normalisieren", interpretiert werden. Dabei begreift sie sich nicht als „Opfer", sondern als Akteurin; auf diese Art und Weise schützt sie ihren Selbstwert.

Auch Johanna versucht, den erlebten Antisemitismus zu „normalisieren", indem sie das, was hier als fremd wahrgenommen wird, in Israel als „Normalität" erlebt: „Total viele Menschen sahen so aus wie ich; sie hatten die gleiche dunkle Hautfarbe, die gleiche Hakennase" (Seite 49). Sie übernimmt die antisemitischen Stereotype – und sucht und findet sie in dem Aussehen der Israelis. Dadurch, dass sie die antisemitischen Vorurteile aufgreift, bleibt ihr der Blick für die Vielfalt phänotypischer Erscheinungen von Israelis versperrt. Sie sieht nicht, dass es in Israel auch eine Form von Rassismus gegenüber Israelis bzw. Juden mit dunkler Hautfarbe gibt. Amina und Johanna teilen eine Sehnsucht nach Normalität; während Amina versucht, diese zu erlangen, indem sie Rassismus als einen Aspekt von Attraktivität begreift – wodurch sie zur Akteurin wird –, versucht Johanna für sich Normalität herzustellen, indem sie sich in einem Stereotyp wiederfindet, dessen Häufigkeit für Normalität spricht.

Nun kann nicht davon ausgegangen werden, dass gesellschaftliche Gruppen, die wegen eines bestimmten Merkmals ausgegrenzt werden, Diskriminierungen gegenüber anderen Merkmalen kritisch gegenüberstehen: Lesben und Schwule sind nicht davor gefeit, sich ausländerfeindlich, rassistisch und antisemitisch zu verhalten.

Der oben umrissene Exotismus schwuler Männer erinnert mich an heterosexuelle Männer, die sich Philippininnen aus dem Katalog bestellen, sie seien sexuell verfügbar und nicht so emanzipiert wie deutsche Frauen. Der schwule Exotismus beruht allerdings auf dem gleichgeschlechtlichen Begehren, was die Migranten noch „verletzbarer" macht, da Homosexualität möglicherweise in ihrem Heimatland ausgegrenzt oder verfolgt wird und es ihnen erst durch die geografische Distanz ermöglicht wird, diesen Anteil ihrer Identität offen zu leben. Die Verschränkung von gleichgeschlechtlichem Begehren, Rassismus und Sexismus ist schon besonders.

Es kommt also nicht von ungefähr, dass die Erzähler_innen auch von ausländerfeindlichen und/oder rassistischen Begegnungen innerhalb der LSBTIQ-Communitys berichten. Daher ist die Forderung nach „eigenen Räumen" nachvollziehbar, denn in diesem geschützten Rahmen wird man als Individuum und nicht als Repräsentant einer bestimmten Gruppe wahrgenommen. Allerdings weisen die Erzählungen auch darauf hin, dass es zwischen den einzelnen Migrationsgruppen starke Vorbehalte bis hin zu Rassismus gibt. So kann es sein, dass jemand mit einem christlich-orthodoxen Hintergrund starke Vorbehalte gegenüber Muslimen hat: „[…] und ich bin die Tochter meines Vaters, ob ich will oder nicht" (Seite 83). Letztendlich können auch „eigene Räume" nicht vor Rassismus, Antisemitismus und/oder Fremdenfeindlichkeit schützen.

Ich bin froh, es meiner Mutter gesagt zu haben. Sie ist das Wichtigste für mich. Sie ist die Frau, die wahrscheinlich am meisten an meinem Leben teilhaben wird. (Aram, Seite 55)

In allen Schilderungen wird die herausragende Bedeutung der Familie für die Erzählenden deutlich; die Bindung zwischen Eltern und Kindern ist sehr stark. Die Familie wird als Ort wahrgenommen, an dem man Liebe, Zuwendung, Nähe und Vertrauen erfahren kann. Diese Wahrnehmung ist unabhängig davon, dass einige Eltern geschieden sind oder ein Elternteil bereits verstorben ist. Auch haben die meisten Erzählenden Geschwister; es sind nur wenige Einzelkinder darunter. Geschwister spielen gerade beim Coming-out eine besondere Rolle. Darauf komme ich später zurück.

Die familiäre Migrationsgeschichte trägt sehr dazu bei, dass die Herkunftsfamilie eine Art „Ankerfunktion" innehat: Sie ist ein stabiler Ort, der in Gegensatz zu den Verunsicherungen steht, die durch die Erfahrung von Benachteiligung, aber auch die Fremdheit von Sprache und Kultur entstehen können. In der Herkunftsfamilie wird jedes einzelne Familienmitglied positiv gespiegelt und in seinem Sein bestärkt und stabilisiert. Auch bildet die Familie eine Brücke zu den kulturellen und biografischen Wurzeln, indem sie Werte und Normen aus dem Herkunftsland bewahrt und an die Kinder vermittelt. Anders ausgedrückt: Die Familie ist ein Reproduktionsort für kulturelle und kulturell-religiöse Werte des Herkunftslandes.

So erzählt Dajana: „Meinem Vater sind Traditionen, seine Herkunft und seine Religion sehr wichtig. Wir sind Orthodoxe, [...] und es gibt bestimmte Highlights, die ihm wichtig sind. Zum Beispiel das orthodoxe Weihnachtsfest, das orthodoxe Ostern und unser Schutzpatron" (Seite 81). Auch Svetlana erzählt, dass sie zwar die Kirche nicht mag, aber sehr wohl ihre religiösen Traditionen: „Mit der Kirche habe ich nichts am

Hut, die wollen mir ja auch an den Kragen! Aber ich mag religiöse Traditionen [...]. Unsere Familie hat auch einen Schutzpatron, der an seinem Namenstag geehrt wird. [...] Wir feiern unsere Schutzheiligen, also es ist der Feiertag meines Vaters als Patriarch der Familie." (Seite 64). Zu Hause wird „Balkanküche" oder eben „jüdisch" gekocht, ebenfalls eine Reminiszenz an die Herkunft. Durch das Bewahren von Traditionen wird die Herkunftsfamilie zu einem Brückenglied zwischen Gestern und Heute.

Das Erleben von Fremdenfeindlichkeit und Rassismus bzw. Antisemitismus in dem Migrationsland destabilisiert den oder die Einzelne_n, sei es im Selbstbild oder faktisch im Dasein: Man erlebt sich als fremd in dem Land, das zur Heimat werden sollte, und ihnen wird oftmals der Zugang zum Arbeitsmarkt verwehrt oder ist erschwert. Die Arbeitslosenquote von Migrant_innen ist deutlich höher als die der autochthonen Deutschen, Asylbewerber dürfen überhaupt nicht arbeiten. Für eine Familie gibt es also nicht nur emotionale Gründe, miteinander verbunden zu bleiben, sondern es können ganz profane finanzielle Nöte sein, die eine Familie zwingen können, zusammenzurücken. Die Angehörigen sind emotional und wirtschaftlich aufeinander angewiesen. Die Familie stellt Stabilität her, indem sie auf Traditionen der Familie und des Herkunftslandes zurückgreift. So wird sie zu einem „stabilen Anker" in einem gesellschaftlichen Umfeld, das als fremd empfunden wird oder in dem man sich als Fremde_r erlebt.

Während also die Familienstrukturen von autochthon deutschen Familien erodieren und der_die Einzelne stärker in den Vordergrund rückt, sind die Familienstrukturen bei Migrant_innen noch vergleichsweise stabil. Damit keine Missverständnisse entstehen: Ich gehe nicht davon aus, dass *alle* Migrant_innen in stabilen Familienverhältnissen und die Familien wiederum in Diaspora-Gemeinschaften leben. Diese Kombination ermöglicht mir es allerdings, bestimmte Dynamiken zu erläutern.

Die meisten Migranten-Communitys gibt es in Städten. Dort bilden sich sogenannte Diaspora-Gemeinschaften, d.h., dass Menschen aus demselben sprachlichen und kulturellen Raum in dem Zielland der Migration eine Nähe zueinander suchen. In den Diaspora-Gemeinschaften werden kulturelle Werte bewahrt, und die Durchlässigkeit für Werte und Normen der „aufnehmenden Kultur" ist eher gering.

Der Konservativismus einer Diaspora-Gemeinschaft kann so weit gehen, dass bestimmte Werte der „aufnehmenden" Gesellschaft abgelehnt werden, um sich von dieser abzugrenzen. Das kann ein bestimmtes Frauenbild sein, das Infragestellen von Demokratie oder aber die Akzeptanz von Homosexualität. Homosexualität wird so zum Merkmal von „Deutschsein". Die Diaspora-Gemeinschaft sieht sich als Bewahrer „wahrer" Werte in einer Stätte von „Abnormalitäten". Die Allgemeingültigkeit dieser „Abnormalitäten" sieht sie auch in der rechtlichen Gleichstellung verwirklicht. Deshalb ist es für sie nicht von Bedeutung, wenn es einige autochthone Deutsche gibt, die sich gegen die Akzeptanz von Homosexualität als gleichberechtigte Lebensweise aussprechen. Zugleich haben Lesben und Schwule den urbanen Raum für sich erobert und sind hier sichtbar. Es gibt schwule Saunen, lesbisch-schwule Jugendzentren, Beratungsstellen für Lesben oder Schwule, den alljährlichen Christopher Street Day, der_die Oberbürgermeister_in lässt Regenbogenfahnen hissen, die Kultur ist von Homosexuellen durchzogen, Lesben und Schwule sind allgegenwärtig geworden. Das führt nicht nur bei Bernd Lucke von der AfD dazu, das Coming-out des Profi-Fußballers Thomas Hitzlsperger dahingehend zu kommentieren, dass er es gut gefunden hätte, wenn er „ein Bekenntnis dazu, dass Ehe und Familie für unsere Gesellschaft konstitutiv sind" abgegeben hätte (Tagesspiegel vom 11.1.2014). Rechtspopulismus, Konservativismus und Fundamentalismus stehen sich manchmal gefährlich nahe. Fundamentalisten der Diaspora-Gemeinschaften sind den deutschen Rechtspopulisten manchmal näher, als sie glauben.

Aber nun zurück zur Familie: Viele migrantische Familien im urbanen Raum sind in Diaspora-Gemeinschaften eingebettet. Es entsteht eine „Wechselwirkung der Selbstvergewisserung", denn Diaspora-Gemeinschaften stützen und stärken familiäre Werte; das wiederum erschwert es Familien, andere Werte als die bisherigen aufzunehmen und in das eigene Lebenskonzept zu integrieren. Die Diaspora-Gemeinschaften sind folglich auch eine Art „Korrektiv" für Familien.

Der Umstand, dass eine Abgrenzung von Diaspora-Gemeinschaften zur aufnehmenden Gesellschaft unter anderem an der Homosexualität festgemacht wird, führt Lesben und Schwule mit einer Migrationsbiografie in ein Dilemma, denn zum einen gewährleisten die Herkunftsfamilie und die entsprechende Diaspora-Gemeinschaft eine Stabilität, die im Kontext der Erfahrung von Fremdenfeindlichkeit und Rassismus wertvoll ist, und zum anderen hindert dieser Mechanismus migrantische Lesben und Schwule daran, diesen Teil ihrer Identität offen zu leben. Verständlicherweise wird befürchtet, dass die Herkunftsfamilie und auch die Diaspora-Gemeinschaft eben diese stabilisierende Funktion nicht länger ausüben würden, würde die Homosexualität thematisiert werden.

Aram ist zerrissen zwischen seinem gleichgeschlechtlichen Begehren und der Liebe zu seiner Mutter, die die Stabilität der Familie und der Diaspora-Gemeinschaft verkörpert; sie akzeptiert sein Schwulsein nicht. Aram spürt seine Abhängigkeit von seinen Eltern, immerhin geht er noch zur Schule und muss die ablehnende Situation in seinem Elternhaus „aushalten". Er fühlt sich zurückgewiesen, er kann mit seiner Familie „nicht über Liebe und die mir wichtigen Dinge reden." Sein Begehren findet in dieser Familie keinen Raum. Genau deshalb wünscht er sich, irgendwann einmal „weit weg" von seiner Familie zu gehen, er „braucht dann keinen mehr". Zugleich ist seine Mutter die wichtigste Person in seinem Leben, „die wahrscheinlich am meisten an meinem Leben teilhaben wird." Aram hält nicht aus, dass er in seiner Familie nicht so angenommen wird, wie er ist; gleichzeitig hat er Angst, die Liebe seiner Mutter zu verlieren. Diese Zerrissenheit haben viele Lesben und Schwulen erlebt. Einige haben keinen Kontakt mehr zu ihren Herkunftsfamilien, andere haben es geschafft, die familiären Bande aufrechtzuerhalten. Manche zahlen aus meiner Sicht einen hohen Preis dafür: Sie fügen sich in die heteronormativen Wertvorstellungen ihrer Familie ein. Zu gehen ist ein Privileg der autochthonen Lesben und Schwulen; sie sind in Deutschland aufgewachsen, ihnen sind Kultur und Sprache vertraut. Sie fühlen sich hier zu Hause. Was aber, wenn man sich als „fremd" erlebt und in Deutschland nicht „heimisch" geworden ist? Dann würde man den einzigen Halt, den man hat, verlieren. Was bleibt, ist die Zerrissenheit.

Meine Familie macht sich schon Gedanken, dass ich noch nicht verheiratet bin. Meine Stiefmutter gratulierte mir zum Geburtstag mit dem Kommentar: „In deinem Alter hatte ich schon längst mein erstes Kind!" (Svetlana, Seite 65)

In der Familie werden heteronormative Wertvorstellungen und geschlechtsspezifische Erwartungen reproduziert und dadurch auch gefestigt. Das zeigt sich insbesondere daran, dass von Männern und Frauen erwartet wird, eine gegengeschlechtliche Partnerschaft einzugehen und diese rechtlich zu zementieren. Zentrale Funktion einer Ehe ist wiederum, Kinder zu bekommen und aufzuziehen, den Familienstammbaum fortzuführen. Diese Anforderung wird an beide Geschlechter gleichermaßen herangetragen, aber an den Frauen bleibt dann die Arbeit hängen. Das Durchschnittsalter von deutschen Frauen, eine Ehe einzugehen, liegt derzeit bei etwas über 30 Jahren, das der Männer bei über 33 Jahren. Laut dem „Monitor Familienforschung" des Bundesfamilienministeriums heiraten Migrantinnen öfter und früher als autochthone Frauen, und „Mutterschaft ist ein wichtiger Bestandteil der Normalbiografie von Migrantinnen und ist durch die Bedeutung von Schwangerschaft und Geburt und die Unersetzbarkeit mütterlicher Erfahrung mit überwiegend positiven individuellen sowie sozialen Folgen und einer Statuserhöhung verbunden" (BMFSFJ 2010, Ausgabe 24: 9). Auf Deutsch: Mutterschaft führt zu Anerkennung und einem höheren sozialen Status. Demgegenüber gehörten Mutterschaft und Weiblichkeit bei autochthonen deutschen Frauen nicht in diesem Maße zusammen – obgleich zumindest ein Teil dieser Frauen „die Unersetzbarkeit mütterlicher Erfahrungen" und die damit verknüpfte Statuserhöhung auslebt: Die „Latte-Macchiato-Mütter". Letztendlich bedeutet das, dass von migrantischen Männern und Frauen verstärkt erwartet wird, früh zu heiraten und Kinder zu bekommen. Migrantinnen erfahren durch ihre Mutterschaft zudem eine soziale Aufwertung. Ich finde es interessant, dass zumindest an diesem Punkt kein Geschlechtsunterschied festzustellen ist. Sowohl von Männern als auch von Frauen wird gefordert, zu heiraten und sich zu vermehren.

Aram beispielsweise ist mit zwanzig Jahren schon aufgefordert worden zu heiraten: „Mein Vater fragt auch schon, wann ich heiraten werde. Ich bin jetzt in dem Alter, in dem junge Männer heiraten. Dann kommen so Äußerungen wie ‚Ja, dann muss du jetzt langsam …‘ und ‚Wann bekommst du Kinder?‘ So etwas macht schon Stress" (Seite 53). Auch Svetlanas Familie macht sich Gedanken, dass sie noch nicht verheiratet ist. So habe in einem Gespräch ihr Onkel auf sie eingewirkt, „ob sie nicht einen Ehemann finden möchte". Svetlana ist 37 Jahre alt, was eh schon recht „alt" ist fürs Heiraten (Seite 65). Mebest muss sich ebenfalls dieser Erwartung stellen: „Meine Patienten fragen oft, warum ich nicht heirate. Aber Gott sei Dank gibt es viele Leute, die auch mit 50 immer noch ledig sind. Davon profitiere ich. Eine Cousine ist auch schon über 45 Jahre alt und noch nicht verheiratet. Wenn mein Vater zu mir sagt: ‚Jetzt musst du heiraten‘, sage ich: ‚Ja, deine Nichte ist auch noch ledig‘." (Seite 90) Spannend finde ich, dass nicht damit argumentiert wird, dass Sabine oder Bettina auch noch nicht verheiratet sind, sondern stattdessen eine Frau aus demselben soziokulturellen Gefüge herangezogen wird. Man bedient sich also gar nicht an den Lebensumständen der „aufnehmenden" Gesellschaft als Argumentationshilfe, sondern verbleibt in seinem kulturellen Kontext.

Heteronormativität, d.h. die Vorstellung, dass Heterosexualität die einzige akzeptable Sexual- und Beziehungsform ist, wird transgenerational vermittelt, also von den Großeltern an die Eltern und von den Eltern an die Kinder weitergegeben. Verstärkt wird diese Norm durch die Abwertung von Homosexualität.

Beides, also die Auffassung, dass Heterosexualität die einzig akzeptable Sexual- und Beziehungsform ist, und die Abwertung von Homosexualität wird von den Kindern verinnerlicht – und schlimmstenfalls als Erwachsene dann an deren Kinder weitergegeben. So erzählt Dajana, sie „habe immer gedacht, dass ich heiraten und Kinder bekommen und so meinen Teil zu der Gesellschaft beitragen werde" (Seite 78). Gernas berichtet: „Anfangs dachte ich, dass Schwulsein total ekelhaft ist, und habe mich gefragt, was ich denn damit solle. Mir hatten meine Eltern in den Kopf gesetzt, dass Homosexualität nicht normal sei, dass es ekelhaft sei, dass man so etwas nicht in der Öffentlichkeit zeigen dürfe […]." (Seite 57) Aram befürchtet sogar, dass sein Vater ihn der Ehre wegen töten könnte: „Wenn ich es meinem Vater sagen würde, könnte es schon passieren, dass er mich der Ehre wegen umbringt. […] Er ist ziemlich homophob, das würde dann schon ganz gut passen." (Seite 53) Ungeachtet dessen, wie seine Befürchtung letztendlich einzuschätzen ist, trägt er diese Last bzw. diese Sorge um sein Leben mit sich.

Wenn Heteronormativität verinnerlicht ist, muss das eigene gleichgeschlechtliche Begehren in das eigene Weltbild eingefügt werden. Frauen, die eine Frau begehren, sehen sich in ihren Fantasien manchmal als Männer: So erzählt Amina, dass sie bereits als Kind Frauen anziehend fand, aber ihr Begehren nur dadurch visualisieren konnte, indem sie sich als Junge sah: „Ich fand Frauen schon immer sehr schön und wollte auf jeden Fall eine haben. Aber das ging nicht, weil ich ein Mädchen war. Also hatte ich schon als kleines Kind die Fantasie, dass ich ein Junge bin." (Seite 95) Auch Dajana erzählt, dass sie sich als Kind in ihren Träumen immer in Mädchen verliebt habe: „In meinen Fantasien war ich aber keine Frau, sondern ein Junge." (Seite 78)

Interessant finde ich, dass keiner der schwulen Männer erzählt, sich in das weibliche Geschlecht hineinfantasiert zu haben, um an der vorherrschenden Geschlechterordnung festzuhalten. Krzystof erzählt, dass er von Kindesbeinen an auf Jungen stand: „Ich habe nie Interesse an Mädels gehabt, nie. Nicht einmal als kleiner Junge in der Tagesstätte. Nie Mädchen, nur Kerle, Kerle, Kerle." (Seite 68) Auch Gernas berichtet, dass er Schwulsein „ekelhaft" fand. Er versuchte, sein gleichgeschlechtliches Begehren zu verdrängen: „Deswegen habe ich erst versucht, meine Gefühle zu verdrängen und doch etwas mit einem Mädchen anzufangen. Aber es ging halt nicht. Es waren keine Gefühle da." (Seite 57) Aber keiner von ihnen kommt auf die Idee, das homosexuelle Begehren durch einen „Geschlechterwechsel" für sich annehmbar und erträglich zu machen. Ich vermute, dass die unterschiedlichen Arten und Weisen, mit den eigenen Fantasien umzugehen, an die verschiedenen Wertigkeiten von männlich und weiblich geknüpft sind. Vielleicht ist es einfacher, sich in seinen Fantasien als Mann wahrzunehmen, weil das eher mit einem Statusgewinn verbunden ist, während sich als Frau zu fantasieren für die Männer mit einem Statusverlust verknüpft wäre. Aber es gibt auch Fälle von vermeintlicher Transsexualität, die sich im Zuge eines Asylverfahrens als Homosexualität herausgestellt haben. In den Gesellschaften, aus denen die Männer und Frauen stammten, war Homosexualität so tabuisiert, dass es näher lag anzunehmen, im falschen Körper geboren worden zu sein. So dürfen im Iran Menschen, die sich im falschen Körper gefangen fühlen, diesen geschlechtsangleichend verändern, um so ihr Leiden zu verringern. Die Kosten der Operationen übernimmt zur Hälfte die staatliche Krankenkasse. Aktivisten beklagen allerdings, dass viele Schwule dazu getrieben werden, diese Maßnahmen an sich durchführen zu lassen, um Strafen zu entgehen (in der ZEIT vom 14.2.2014).

Von der Familie geht ein immenser Druck aus, heteronormativ zu leben. Der Druck wird durch die Einbettungen der

Familien in Diaspora-Gemeinschaften verstärkt. Wenn Angehörige aus dem familiären Wertekontext herausfallen, gehen sie das Risiko ein, die unterstützende und schützende Funktion von Familie *und* Diaspora-Gemeinschaft einzubüßen. Beide sind jedoch wichtig dafür, wegen der Erfahrung von Rassismus, Antisemitismus und Fremdenfeindlichkeit, ein positives Selbstbild zu bewahren. Auch berichten einige Erzähler_innen von ihrer Angst, die Liebe ihrer Eltern zu verlieren.

Die Erzählenden versuchen, einen Weg zu finden, auf dem sie sowohl die Liebe ihrer Eltern behalten als auch ihre Homosexualität leben können. Eine Möglichkeit ist, eine räumliche Distanz zu den Eltern herzustellen.

Auch wenn Krzystof vor allem nach Deutschland gekommen ist, um sich einen „besseren finanziellen Hintergrund" aufzubauen, hat er die räumliche Distanz genutzt, um seinen Eltern von seiner Homosexualität zu erzählen. Und auch Adrián entgeht durch seine geografische Distanz zu den Eltern dem Konflikt mit seinem Vater bzw. lässt sich dieser so besser aushalten. Schließlich versucht Gernas, mit diesem Spagat umzugehen, indem er eine räumliche Trennung zur Familie vollzogen hat. Er erzählt, dass er froh ist, „eine eigene Wohnung zu haben, denn eigentlich führe ich ein Doppelleben. Wenn ich in meiner Wohnung bin, kann ich frei sein, weil all meine Freunde wissen, dass ich schwul bin. […] Aber wenn ich heimkomme, muss ich meine Identität verstecken, den lieben Sohn spielen, der nicht schwul ist." (Seite 56)

Diese Äußerung führt sogleich zu einer zweiten möglichen Strategie, nämlich die sexuelle Orientierung gegenüber den Eltern zu verschweigen. Grozdan hat seinen Eltern seine Homosexualität 16 Jahre lang verschwiegen, denn er befürchtete, dass sie ihm nicht nur die finanzielle, sondern vor allem die emotionale Unterstützung entziehen würden: „Ich habe meinen Eltern erst so spät von meinem Schwulsein erzählt, weil ich befürchtet hatte, dass sie ablehnend reagieren würden. Ich konnte nicht einschätzen, ob sie mich ablehnen oder mein Schwulsein akzeptieren würden. Ich wusste nicht, ob sie damit klarkämen. Das Schlimmste, was mir hätte passieren können, wäre gewesen, dass sie nichts mehr mit mir zu tun haben wollten, nichts mehr von mir hören wollten." (Seite 103) Svetlana erzählt ebenfalls, dass sie bei ihrer Familie nicht geoutet ist. Sie befürchtet, dass es zu einem Bruch mit ihrem Vater kommen könnte, was sie nicht möchte: „Ich bin mir sicher, dass er mich verstoßen würde, dass ich nicht mehr seine Tochter wäre." (Seite 62) Der 22-jährige Gernas verschweigt nicht nur sein gleichgeschlechtliches Begehren gegenüber seinen Eltern, sondern überlegt zudem, sich dem elterlichen Druck nach einem heteronormativen Leben zu beugen und mit einer Frau zusammenzuleben; er möchte die Liebe seiner Eltern nicht verlieren.

Manchmal wissen zumindest Geschwister von der Homosexualität: So erzählt Mebest, dass er zwar nicht offen lebt, aber zumindest seine jüngere Schwester um seine Homosexualität weiß. Das führt zu einer weiteren möglichen Strategie, nämlich sich gegenüber den Eltern zu outen. Die Erzählenden machen dabei recht unterschiedliche Erfahrungen; Ezra berichtet, dass seine Eltern größere Probleme mit seiner Religiosität als mit seiner Homosexualität gehabt hätten. Johanna erzählt, dass ihr Vater zwar von ihrer sexuellen Orientierung wisse, ihr jedoch auferlegt habe, diese „nicht in der Öffentlichkeit" zu leben, d.h. weder ihren Geschwistern noch ihren Verwandten davon zu erzählen. Auch dürfe sie dies keinesfalls ihrer Mutter berichten. Amina wiederum hat zwar ihre Homosexualität gegenüber ihrer Familie offengelegt, akzeptiert aber zugleich die rechtliche Verfolgung ihrer Lebensweise in ihrem Heimatland, in das sie zurückkehren möchte. Sie akzeptiert gewissermaßen die unterschiedlichen „Normalitäten" in Deutschland und in Burundi. Sie ist der Auffassung, dass man einmal da und einmal dort aus dem Rahmen fallen könne und dann mit entsprechenden Sanktionen zu rechnen habe. Aram erzählt, dass zwar seine Mutter und sein Stiefvater von seiner homosexuellen Lebensweise wüssten, aber eben nicht der Vater, zu dem er nach wie vor Kontakt hat.

Das Coming-out kann zu Konflikten mit den Eltern führen; sie sind enttäuscht und fragen sich, was sie „falsch" gemacht haben. Für viele Menschen ist Heterosexualität „normal", wobei sie das mit „natürlich" gleichsetzen. Eltern haben auch Erwartungen an ihre Kinder, die durch den homosexuellen Lebensentwurf enttäuscht werden. Mit dieser Enttäuschung müssen sie erst einmal fertig werden. Und sie versuchen für sich eine Erklärung zu finden, wieso ihr Kind homosexuell geworden ist. Arams Mutter erklärt sich die Homosexualität ihres Sohnes beispielsweise mit der Vermutung einer Verführung. Letztlich möge sich Aram Gott bzw. Allah zuwenden und sich von allem fernhalten, was ihn verführen könnte, dann würde er den rechten Weg erkennen. Religiöse Werte sind dann relevant, wenn es darum geht, Normalität zu begründen bzw. wiederherzustellen.

Für Frauen ist es im Gegensatz zu Männern schwieriger, eine räumliche Distanz zur Herkunftsfamilie herzustellen – und damit auch mehr Selbstständigkeit zu erlangen und sich aus diesem Wertesystem zu befreien. Sie „stolpern" über geschlechtsspezifische Erwartungen bzw. Sexismus. So erzählt Svetlana, dass sie sich beruflich in eine größere Stadt beworben habe: „Das war für meinen Vater sehr schwer, denn als Mädchen zieht man nicht einfach aus, um eine eigene Wohnung zu haben. Er hatte Angst, dass man denken könnte, ich sei ausgezogen, weil wir uns zerstritten hätten." (Seite 63) Keiner der Männer erzählte, verheiratet gewesen zu sein. Johanna, Svetlana und Dajana befanden sich in heterosexuellen Partnerschaften, Johanna war verheiratet, Dajana und Svetlana wollten heiraten. Im Gegensatz zu den Männern waren sie stärker in einen heteronormativen Kontext eingebunden, und es fiel ihnen schwerer, daraus auszubrechen. In diesem Zusammenhang finde ich Arams Äußerung interessant, der sich durch die Fürsorge seiner Mutter „gefesselt" fühlt: „Ich lebe jetzt immer noch zu Hause, suche aber ein Zimmer. Ich darf keinen Freund haben und bloß nicht mit einem Jungen in einem Bett schlafen! Ich komme mir vor, als wäre ich kein Junge, sondern ein unterdrücktes iranisches Mädchen, auf das man aufpassen muss! Meine Mutter wird immer fürsorglicher. Es kommt mir vor, als ob sie mich in Fesseln stecken würde." (Seite 53) Interessant ist diese Äußerung auch deshalb, weil er seine Situation mit der von iranischen Mädchen gleichsetzt, die „unterdrückt" werden. Die Unterdrückung wird damit begründet, dass man auf Mädchen „aufpassen" müsse. Nun versucht seine Mutter, auf *ihn* aufzupassen; er fühlt sich von ihr „feminisiert"; d.h. er sieht sich nicht gleich behandelt mit anderen jungen Männern, sondern mit jungen Frauen. Aram glaubt, diesen Zwängen nur durch räumliche Distanz entfliehen zu können.

Die Erzählungen zeigen, dass Homosexualität ein Tabu in den Herkunftsfamilien ist. Je mehr Menschen sich an der Ausgrenzung eines Themas beteiligen, desto mehr Macht hat das Tabu über den_die Einzelnen. Wesentliches Merkmal eines Tabus ist das Schweigen um das ausgegrenzte Thema. Wird das Schweigen gebrochen, erfolgt ein Tabubruch. Mit der dadurch entstehenden Öffentlichkeit droht aber auch der Ausschluss aus der Gemeinschaft bzw. der Familie. Ausschlüsse wiederum dienen dazu, die Gemeinschaften und ihre Wertegefüge zu stabilisieren; sie sind sozusagen ein „notwendiges Übel". Um diesem Ausschluss zu entgehen, kommt es oft nur zu einem partiellen Tabubruch, d.h. es werden nur wenige Familienmitglieder „eingeweiht" bzw. die „eingeweihten" Personen legen Wert darauf, dass der Tabubruch nicht weiter öffentlich gemacht wird.

Ich vermute, dass so ein Ausschluss aus der Familie verhindert werden soll.

Die Tabuisierung von Homosexualität stabilisiert aber nicht nur die Familie, sondern auch die Diaspora-Gemeinschaft, in die die Familien eingebettet sind. Es gibt eine Wechselbeziehung zwischen Familie und Diaspora-Gemeinschaft: Die Familien bewahren und vermitteln die Werte der Diaspora-Gemeinschaft, die sich wiederum auch aus Menschen zusammensetzt, die diese Werte teilen. Wegen dieser Wechselwirkung ist das ein recht stabiles System. Ein Tabubruch könnte folglich nicht nur zum Ausschluss aus der Familie führen, sondern auch aus der Diaspora-Gemeinschaft.

Diaspora-Gemeinschaften funktionieren ähnlich wie dörfliche Gemeinschaften: Der oder die Einzelne wird immer in seinem_ihrem komplexen Familiengefüge betrachtet. Bei einem Tabubruch wird folglich nicht alleine diejenige Person, die den Tabubruch begangen hat, zur Verantwortung gezogen, sondern auch deren soziales Gefüge, d.h. die Familie. Der Ausschluss einer Person aus der Gemeinschaft kann daher auch auf weitere Familienangehörige wirken; sie alle tragen das Risiko, aus der Gemeinschaft ausgeschlossen zu werden.

Ein simples Beispiel aus einem dörflichen Gefüge ist, wenn eine Person aus der Familie kriminell wird, werden die anderen Familienangehörigen ebenfalls mit diesem Makel belegt; sie haben große Mühe, das Vertrauen der Dorfgemeinschaft wiederzugewinnen. Also ist der heteronormative Druck auf den_ die einzelnen Familienangehörigen enorm hoch. Ein „partieller Tabubruch" wirkt entlastend für die betroffene Person, denn der Druck kann nun auf mehrere Schultern aufgeteilt werden. Durch das „solidarische Schweigen" wird dann das Risiko einer weiteren Offenlegung reduziert – und damit auch das Risiko für alle Familienmitglieder, ausgegrenzt zu werden. Folglich ist es wichtig, dass das „Geheimnis" ein solches bleibt. Ein Coming-out in der Familie kann auch dort zu einer Sanktionierung führen. Diese würde gegenüber der Diaspora-Gemeinschaft signalisieren, dass deren Werte, auch gegenüber eigenen Familienangehörigen, getragen, durchgesetzt und gegebenenfalls sanktioniert werden. Hier wird die enge und machtvolle Verwobenheit von Familie und Diaspora-Gemeinschaft deutlich.

Eigentlich schäme ich mich dafür, lesbisch zu sein.
Ich frage mich oft: „Warum ich? Wieso sind meine
Geschwister normal und ich nicht?" (Johanna, Seite 49)

In den vorhergehenden Kapiteln habe ich wiederholt darauf hingewiesen, dass Homophobie vor allem dazu dient, die heterosexuelle Lebens- und Beziehungsweise als „üblich" und „normal" erscheinen zu lassen. Der Begriff Homophobie ist eigentlich an eine medizinische Auseinandersetzung angelehnt; Homophobie kann zwar auch eine medizinisch indizierte Phobie sein, aber letztendlich ist das keine (psychische) Erkrankung. Es handelt sich hier vielmehr um eine in der Gesellschaft tief verwurzelte „Homosexuellenfeindlichkeit". Dort, wo der heterosexuelle Lebensentwurf als einzige legitime und „natürliche" Lebensweise proklamiert wird, werden andere sexuelle Orientierungen herabgesetzt und ausgegrenzt – und schlimmstenfalls kriminalisiert. D.h., eine Beziehungsform kann sich nur auf Kosten einer anderen durchsetzen. Jeder Mensch, der in einer heteronormativen Gesellschaft aufwächst, verinnerlicht deren Werte und Normen – und damit auch die damit einhergehenden Abwertungen.

Jetzt ist es so, dass Deutschland in Sachen rechtlicher Gleichstellung von Homosexuellen vorangekommen ist; dennoch gibt es immense Vorbehalte, wenn es um den ideologischen Kern der heterosexuellen Ehe geht: Kinder. Ein vollumfängliches Adoptionsrecht und das Recht auf künstliche Befruchtung für lesbische Frauen sind derzeit nicht zu erwarten.

Das Recht ist eine Sache, die „Stimme des Volkes" eine andere: Immerhin findet es noch jede_r Vierte „ekelhaft", wenn Schwule sich küssen, und knapp 16 Prozent der Bevölkerung finden Homosexualität immer noch „unmoralisch", und 21 Prozent von ihnen lehnen die Ehe für Lesben und Schwule ab (W. Heitmeyer, 2012: 39). Aber Deutschland ist ein „Paradies" im Vergleich zu Ländern, in denen vor allem orthodoxe und fundamentalistische religiöse Strömungen politischen Einfluss haben. Ich erinnere daran, dass in über 70 Ländern Homosexualität kriminalisiert ist und in wenigstens zehn Ländern Lesben und Schwulen lange Haftstrafen oder der Tod drohen. Letzteres manchmal auch ohne entsprechende Gesetze, zum Beispiel in Russland.

In der Regel sind Verschärfungen von Gesetzen auf den politischen Einfluss fundamental-islamistischer, evangelikaler oder anderer orthodoxer Religionen zurückzuführen. In Uganda beispielsweise haben Evangelikale großen politischen Einfluss und homosexuellenfeindliche Gesetze durchgesetzt. Brunei plant, in zwei Jahren die Todesstrafe für Homosexuelle einzuführen – nachdem sie gerade die Scharia als Rechtsgrundlage durchgesetzt haben. In Russland und vielen osteuropäischen Ländern haben die Orthodoxen großen Einfluss auf die Politik und gesellschaftliche Meinungsbildung. Und *last but not least*, die katholische Kirche: Sie hat eine lange Tradition in der Ablehnung von Homosexualität. Auch wenn jetzt unter Papst Franziskus ein etwas liberalerer Ton angeschlagen wird, mischt sie sich ebenfalls in das gesellschaftspolitische Geschehen ein und lehnt die Homo-Ehe ab. Wenn dann Volker Beck von den Grünen fordert, die Kirche solle „aufhören, den weltlichen Gesetzgeber, der den verfassungsrechtlichen Geboten von Menschenwürde, Freiheit und Gleichheit verpflichtet ist, direkt oder indirekt aufzufordern, die gegenüber Homosexuellen diskriminierende Sexuallehre der Kirche zu übernehmen"[20], ist das allerdings bigott angesichts der Tatsache, dass etliche Grüne in den Kirchen engagiert und einige sogar kirchliche Funktionäre sind.

Ich zeichne dieses gesellschaftliche Bild, weil es die Allgegenwärtigkeit von Homophobie verdeutlicht; je stärker ein Land von fundamentalistischen religiösen Strömungen beeinflusst ist, desto gewalttätiger wird eine heteronormative Ordnung durchgesetzt. Der Punkt ist, dass niemand, wirklich niemand, frei von Homophobie ist. Auch nicht diejenigen, die lesbisch oder schwul sind.

Viele Zuwander_innen kommen aus Ländern, in denen Homosexualität tabuisiert oder sogar kriminalisiert ist, und sie treffen auf eine Gesellschaft, in der ungeachtet einer zunehmenden breiten Akzeptanz vor allem die Sozialisierungsinstanzen noch vor Homophobie triefen, vor allem die Schulen, das Militär, Fußball-Fanclubs und teilweise auch die Familien. So erzählt Gernas, dass er anfänglich dachte, Homosexualität sei abstoßend: „Das hatten mir meine Eltern in den Kopf gesetzt, dass Homosexualität nicht normal sei, dass es ekelhaft sei, dass man so etwas nicht in der Öffentlichkeit zeigen dürfe [...]." (Seite 46) Homophobie hat viele Gesichter, eines zeichnet Dajana in ihrer Äußerung: „Lesben waren für mich Frauen, die nur keinen Mann abbekommen haben." (Seite 78)

Was also bedeutet es, wenn ein Mensch irgendwann einmal in seinem Leben begreift, ein von der Norm abweichendes Begehren zu haben? Die Eltern, die Familie, der Freundeskreis, Menschen, die einem etwas bedeuten, repräsentieren die heterosexuelle Normsetzung. Glücklicherweise kann man heute nicht mehr alle (heterosexuellen) Menschen dem Generalverdacht der Homophobie aussetzen, aber es ist erst einmal ungewiss, wie diejenigen, denen man nahesteht, reagieren werden.

Zuerst einmal muss sich die Person jedoch mit sich selbst auseinandersetzen und sein_ihr homosexuelles Begehren annehmen. Dieser Prozess wird als inneres Coming-out bezeichnet. Er ist meist recht schwierig, denn viele Lesben und Schwule sind mit der Annahme aufgewachsen, dass es sich bei Homosexualität um etwas Verwerfliches oder Krankhaftes handelt; sofern sie nicht gleich ganz verschwiegen wird. So dachte Aram anfänglich, er sei nicht normal: „Es war erst einmal komisch für mich, weil das ja nicht normal war. In dem Kölner Stadtteil, in dem ich aufgewachsen bin, gab es so etwas nicht. Da gab es nur Mädchen und Jungs. Die mögen sich halt. Ich habe erst nicht verstanden, was mit mir los ist. Ich dachte, dass bei mir irgendetwas falsch ist." (Seite 52) Auch Gernas versuchte anfänglich, sein homosexuelles Begehren zu verdrängen: „Ich dachte ständig, ich bin nicht normal." (Seite 57) Ezra erzählt ebenfalls, dass es lange gedauert habe, „bis ich meinen Sexualtrieb als Teil von mir anerkennen konnte" (Seite 75).

In der Phase des inneren Coming-out wird diesem Bild eine neue „Normalität" entgegengesetzt. Gernas normalisiert Homosexualität mit folgenden Gedanken: „Wenn meine Eltern denken, dass das krank ist, da können doch nicht alle fünfhundert Menschen hier krank sein. Also muss das normal sein, wenn die alle so fühlen." (Seite 58) Johannas Erzählung zeigt demgegenüber auf, wie sehr die verinnerlichte Homophobie den Weg zu sich selbst versperren kann: Einige Lesben und Schwule schaffen es nicht, ein positives Verhältnis zur ihrer sexuellen Orientierung aufzubauen, und nehmen sich auch nach vielen Jahren gleichgeschlechtlichen Begehrens als defizitär und „unnormal" wahr: „Eigentlich schäme ich mich dafür, lesbisch zu sein. Ich frage mich oft, warum ich? Wieso sind meine Geschwister normal und ich nicht?" (Seite 49) Diese Äußerung ist bestürzend, offenbart sie doch eine fehlende Liebe zu sich selbst. Und sich selbst zu lieben ist immer noch die beste Voraussetzung dafür, einen anderen Menschen lieben zu können.

Das innere Coming-out ist zentral für die Identitätsfindung von Lesben und Schwulen; heterosexuellen Menschen ist dieser Prozess fremd, denn sie müssen sich ihrer sexuellen Orientierung nicht vergewissern. Die Erfahrung, dass das eigene Begehren von der Norm abweicht und zudem eine massive Abwertung erfährt, führt zwangsläufig in ein Selbstwert-Dilemma. Ausdruck des inneren Konflikts können psychische und physische Erkrankungen sein, wie zum Beispiel Gernas' Magersucht. Der Selbstwert muss neu definiert werden, das ist überlebensnotwendig. Die alte „Normalität" muss hinterfragt und eine neue geschaffen werden. Einrichtungen der LSBTIQ-Communitys, Psychotherapeut_en, Sozialpädagog_innen usw. unterstützen und stärken Menschen in ihrem inneren Coming-out. Leider docken hier auch Scharlatane an, die diejenigen, die angeblich „unglücklich" mit ihrer Homosexualität sind, in die „heterosexuelle Normalität" zurückführen wollen, sogenannte Konversionstherapien.

Nach dem inneren Coming-out folgt in der Regel das äußere Coming-out. Das bedeutet, dass die Homosexualität anderen Menschen gegenüber öffentlich gemacht wird, so gegenüber Familienmitgliedern, Freund_innen und Bekannten oder sogar gegenüber dem_der Arbeitgeber_in. Das äußere Coming-out begleitet Lesben und Schwule ihr Leben lang: Immer wieder müssen sie entscheiden, ob sie einer Person oder einer Gruppe von Personen gegenüber ihre Lebensweise offen kundtun, denn das kann unter Umständen mit einem Risiko verbunden sein. Das Problem hierbei ist, dass das Risiko real sein kann, aber manchmal auch antizipiert, d.h. vorweggenommen, wird, und so letztlich unklar bleibt, ob es nicht auch anders hätte sein können. Die Antizipation möglicher Risiken beruht oft auf eigenen Ängsten, zum Beispiel Liebe und Zuneigung zu verlieren. Johanna, aber auch Mebest nehmen mögliche Bedrohungen oder Zurückweisungen vorweg und entscheiden, ihre sexuelle Orientierung zu verschweigen.

So konnte Johanna während des Interviews die Worte „lesbisch" und „schwul" nicht in einer normalen Lautstärke äußern. Sie flüsterte sie oder hielt ihre Hand vor den Mund, mit der Absicht, dass die Personen am Nachbartisch nicht mitbekommen sollten, worüber wir sprechen. Obgleich sie ihr lesbisches

Leben als ihren zentralen Lebensentwurf sieht – immerhin hat sie sich scheiden lassen –, schämt sie sich dafür, so zu sein, wie sie ist. Auch nach zwanzig Jahren traut sie sich nicht, sich mit ihrer Lebensgefährtin im öffentlichen Raum zu zeigen; sie fürchtet die Blicke oder mögliche Abwertungen der anderen. Sie glaubt, homosexuellenfeindlichen Bemerkungen oder Angriffen entgehen zu können, indem sie ihren Lebensentwurf nicht öffentlich macht: „Mir ist noch nichts passiert, das liegt aber daran, dass ich nicht offen zeige, dass ich lesbisch bin." (Seite 49) Mebest teilt diese Auffassung: „Diskriminierung habe ich nicht erlebt, weil ich meine Homosexualität meistens geheim halte." (Seite 89)

Meines Erachtens beruht diese Strategie auf dem Trugschluss, ohne Offenlegung weiterhin unsichtbar zu sein. Gegen den Erfolg dieser Strategie spricht allerdings der Umstand, dass auch Menschen, die nicht homosexuell sind, aber dafür gehalten werden, homosexuellenfeindliche Übergriffe erleben. Das soll jedoch kein Plädoyer dafür sein, sich immer und überall outen zu müssen. Ich möchte nur darauf hinweisen, dass es unendlich viel Mühe bereitet, heterosexuell zu erscheinen: Die Liebste wird gegenüber der Familie oder Kolleg_innen zu „dem Liebsten", das Wochenende wurde nicht mit dem schwulen Partner verbracht, sondern mit der „Lebensgefährtin" usw. Da der Aufwand sehr hoch ist, die Fassade aufrechtzuerhalten, zieht man sich zurück, von Kolleg_innen, Freund_innen oder der Familie. Die Geschichte von Grozdan zeigt sehr schön, dass auch Eltern sich durch das Verhalten des Sohnes, der Tochter zurückgewiesen und aus dem Leben des Kindes ausgeschlossen fühlen können. Für Grozdan war es letztendlich ein Gewinn, sich gegenüber seinen Eltern zu offenbaren: „Seit meinem Coming-out hat sich das Verhältnis zu meiner Familie positiv verändert. Vorher hatte sich meine Mutter aus meinem Leben ausgeschlossen gefühlt und sich große Sorgen gemacht.

Jetzt weiß sie wenigstens, warum; das, was zwischen uns stand, ist jetzt geklärt." (Seite 103)

Die Entscheidung, die sexuelle Orientierung nicht offenzulegen, kann zum einen auf verinnerlichter Homophobie und einem damit verbundenen verminderten Selbstwert beruhen, zum anderen aber auch auf einer sinnvollen Einschätzung realer Risiken. Dazu mehr im nächsten Kapitel.

Ich halte meine Homosexualität geheim, weil ich beruflich vor allem mit Persern und Türken arbeite. [...] Wenn herauskäme, dass ich schwul bin, würde sich niemand mehr von mir [...] betreuen lassen [...]. Das ist meine Angst. [...] Deutsche Schwule sind freier. Ich habe das Gefühl, sie sind sorgloser. (Mebest, Seite 90)

Ein reales Risiko sind der Verlust des Arbeitsplatzes, Mobbing oder anderweitige Diskriminierung am Arbeitsplatz: Nach einer Online-Befragung der Europäischen Menschenrechtsagentur 2012 haben in Deutschland in den vergangenen zwölf Monaten 22 Prozent der Lesben, Schwulen, Bisexuellen oder Trans* Diskriminierung am Arbeitsplatz erlebt. Auch bei der Arbeitssuche fühlten sich 15 Prozent der Befragten wegen ihrer sexuellen Orientierung oder Geschlechtsidentität persönlich diskriminiert. Diese Zahlen lassen den Schluss zu, dass LSBTIQ̲s nicht nur der Zugang zum Arbeitsmarkt zumindest erschwert ist, sondern sogar jeder Fünfte am Arbeitsplatz Benachteiligungen erfahren hat. Es gibt also gute Gründe, sowohl bei der Arbeitssuche als auch am Arbeitsplatz mit der Offenlegung seiner_ihrer sexuellen Orientierung oder Geschlechtsidentität zurückhaltend zu sein.

Migrant_innen sind mit ca. 14 Prozent etwa doppelt so häufig arbeitslos wie der bundesweite Durchschnitt (vgl. Bundesagentur für Arbeit, 2014). Dieser Umstand weist auf einen erschwerten Zugang zum Arbeitsmarkt hin. In Deutschland und wahrscheinlich auch in vielen anderen westlichen Gesellschaften trägt die Erwerbsarbeit zu einem stabilen Selbst bei. Untersuchungen wie der Gesundheitsreport der Deutschen Angestellten Krankenkasse (DAK, 2014[21]) zeigen immer wieder, dass Langzeitarbeitslose weitaus gestresster sind als Manager und auch häufiger psychisch erkranken. Hier zeigt sich zudem eine Geschlechtsspezifik, denn Frauen fühlen sich häufiger gestresst als Männer; das trifft auch auf Arbeitslose zu. Die höchsten Stresswerte erzielen alleinerziehende Mütter. Wen wundert das?

Sind die Chancen auf dem regulären Arbeitsmarkt gering, bleibt nur, eine Nische zu finden und sich dort zu etablieren. Qualifizierte Migrant_innen haben auch dort größere Chancen, wo interkulturelle Kompetenz eine Rolle spielt und Einrichtungen und Organisationen Zuwander_innen als Zielgruppe bzw. als Klientel haben. Mebest ist in der Einrichtung, in der er arbeitet, für türkische und persische Männer zuständig; er hat hier also eine Nische gefunden. Auch nebenberuflich bleibt er seiner Diaspora-Gemeinschaft verbunden und bietet dort ehrenamtliche Beratung an. Er sichert seine Existenz, indem er sich auf Menschen spezialisiert hat, deren Kultur und Sprache ihm vertraut sind – und die ihn als „seinesgleichen" akzeptieren. Das bedeutet für Mebest aber auch, dass er ständig mit den Werten und Normen der Gemeinschaft konfrontiert ist und mit diesen umgehen muss.

Nun ist es keinesfalls so, dass autochthone Deutsche sich ungehindert und frei auf dem Arbeitsmarkt bewegen können. Sie haben aber zumindest bei der Arbeitssuche einen größeren Spielraum als Migrant_innen. Ist man also auf die Diaspora-Gemeinschaft angewiesen und ist dort Homosexualität stark tabuisiert, können die Offenbarung dessen und der darauf erfolgende Ausschluss existenzielle Folgen für die Betroffenen haben.

Johanna hat keine mit Mebest vergleichbaren Existenzängste, und dennoch fürchtet sie sich davor, ihre lesbische Lebensweise im öffentlichen Raum zu leben. Sie fürchtet sich vor abwertenden Blicken und Worten: „Es geht einfach nicht, dass ich mit meiner Freundin ins Kaufhaus gehe und mit ihr eine Jeans kaufe. Die Verkäuferin und die Leute könnten ja schauen und das komisch finden. Sie könnten ja über mich reden. Ich gehe auch nicht Händchen haltend hier in der Einkaufsstraße mit meiner Freundin spazieren, es könnte ja etwas passieren." (Seite 49)

Die Verhaltensweisen von Johanna und Mebest zeigen, dass das gemeinsame Einwirken von Rassismus/Antisemitismus, Fremdenfeindlichkeit und Homophobie Menschen verstärkt dazu zwingt, sich aus dem öffentlichen Raum zurückzuziehen. Da dieser Rückzug für Mebest existenziell ist, bleibt er mit seiner Diaspora-Gemeinschaft vernetzt und kann so seine Existenz sichern. Er „zahlt" dafür aber einen „Preis", nämlich den Verlust seiner Authentizität: Er muss seine sexuelle Orientierung verschweigen und wird als heterosexueller Mann wahrgenommen. Diese unterliegen heteronormativen Erwartungen, die er allerdings nicht erfüllen kann; infolgedessen weicht er aus und zieht sich zurück. Es kommt also nicht von ungefähr, dass Mebest sich weitaus zurückhaltender als autochthone Schwule in der Offenlegung seiner sexuellen Orientierung wahrnimmt. Diese gingen „sorgloser" und „freier" mit ihrer sexuellen Orientierung um. Auch wenn es für autochthone Lesben und Schwule schwer wiegt, wenn sie auf dem Arbeitsmarkt oder in einem Arbeitsverhältnis wegen ihrer sexuellen Orientierung diskriminiert werden, haben sie dennoch einen größeren Spielraum als migrantische Menschen, einen für sie angemessenen Arbeitsplatz zu finden.

Normalerweise würde man auf das „Allgemeine Gleichbehandlungsgesetz" von 2006 verweisen, welches zum Ziel hat, „Benachteiligungen aus Gründen der Rasse oder wegen der ethnischen Herkunft, des Geschlechts, der Religion oder Weltanschauung, einer Behinderung, des Alters oder der sexuellen Identität zu verhindern oder zu beseitigen." Für ein arbeitsrechtliches Verfahren ist ein stabiler Selbstwert von Vorteil, und man muss unmittelbare oder mittelbare Diskriminierung belegen können. Das setzt auch eine Eindeutigkeit voraus. Liegt allerdings eine mehrfache Diskriminierung vor, ist es nicht einfach, diese zu konkretisieren. Die Untersuchung von LesMigraS (Berlin, 2012) zeigt, dass es den von Mehrfachdiskriminierung Betroffenen oft schwerfällt, sich gegen die Diskriminierung zu wehren, weil nicht immer klar erkennbar sei, warum sie benachteiligt worden sind. Außerdem lassen so manche „schwierigen" Familienverhältnisse vermuten, dass ein Rückhalt durch die Familie oder die Diaspora-Gemeinschaft nicht unbedingt gegeben ist; würde sich die Klage auf „sexuelle Identität" beziehen, könnte die Unterstützung ganz zurückgezogen werden und es zu zusätzlichen Benachteiligungen und Ausschlüssen kommen. Man kann hier von einem erhöhten Risiko einer zusätzlichen Viktimisierung sprechen.

*Ich wurde in der Schule gemobbt, weil ich schwul bin.
Ich wurde als „Frau" beschimpft, und wenn ich mit einem
Mädchen gesprochen habe, war ich die „Lesbe", weil man
ja in deren Augen eine Frau war. (Gernas, Seite 57)*

Die Schule ist neben der Familie eine der bedeutendsten „Sozialisationsinstanzen", in der gesellschaftliche und gruppenspezifische Werte, Normen und Regeln vermittelt werden; das betrifft vor allem Homophobie, Sexismus, Fremdenfeindlichkeit und Rassismus/Antisemitismus. Die drei jüngsten Erzähler, Aram, Gernas und Gyula, berichten auch von ihren Erfahrungen an ihren Schulen.

Aram erzählt, dass er froh ist, die Schule beendet zu haben: „In meiner alten Klasse waren wir zwanzig Schüler, da gab es nur drei Deutsche. Ich bin dann auf das Gymnasium gewechselt, da gab es dann mehr Deutsche. Das war ich gar nicht gewohnt. Aber auch in der neuen Schule wurde ich wegen meines Schwulseins gemobbt, obwohl ich es nicht gleich offen gesagt habe. Es kamen zum Beispiel im Sportunterricht dann Bemerkungen wie, dass ich bei getrennten Teams ‚auf die Mädchenseite' sollte. Also, schon alleine, wenn ich einem Klassenkamerad ein bisschen aufs Arbeitsblatt geschaut habe, war ihm das zu viel. Die Jungs dachten, das sei ansteckend. Als wir einmal ein Plakat für die Schule entworfen haben, habe ich gesagt, dass es bunt sein sollte. Ein Junge hat in den Klassenraum geschrien: ‚Schwul, schwul, schwul!' Die Jungs haben sich von mir ferngehalten. Sie hatten wohl Angst oder fühlten sich von meinem Schwulsein bedroht. Manchmal fühlte ich mich schon ein bisschen ausgegrenzt." (Aram, Seite 55)

Gernas erzählt ebenfalls, dass er in der Schule gemobbt wurde: „Ich wurde damals in der Schule gemobbt, weil meine Klassenkameraden anscheinend schon gemerkt hatten, dass ich schwul bin, obwohl ich es mir selbst noch nicht eingestehen wollte.

Wenn wir Fußball gespielt haben, wurde ich immer als Letzter in die Gruppe gerufen und beim Spielen auch ausgegrenzt. Ich habe den Sportunterricht dann oft gemieden. Auf dem Pausenhof ging es mir aber nicht besser. Ich war ein Außenseiter, weil ich halt anders war. Ich wurde als ‚Mädchen' beschimpft, oder wenn ich mit einem Mädchen gesprochen habe, war ich die Lesbe, weil ich in den Augen meiner Mitschüler eine Frau war. Das hat mich alles schon sehr belastet, und wenn mich heute jemand so nennt, belastet mich das immer noch sehr." (Gernas, Seite 57) Auch Gernas konnte dort nicht bleiben und hat die Schule gewechselt. Als er schließlich eine Universität besuchte, erlebte er erneut Ausgrenzungen und Herabsetzungen: „An der Hochschule ist es auch nicht immer so einfach. Ich habe eine türkische Freundin, und sie hat halt viele türkische Freunde. Wenn wir an einem Tisch sitzen, redet keiner von ihnen mit mir. Ich werde knallhart ignoriert. Also weder eine Begrüßung noch irgendein Gespräch kommt da zustande. Ich bin da ungerne, ich glaube, sie beleidigen mich nur nicht offen, weil meine Freundin dabei ist. Ansonsten würden sie ganz anders mit mir umgehen. Also noch schlimmer." (Gernas, Seite 58) Gernas kann sich nur unter dem Schutz seiner Freundin mit Menschen treffen, deren soziokulturelle Lebensweise ihm zumindest vertraut ist.

Gyula schließlich erzählt, dass Mitschüler „aus dem türkischen oder arabischen Raum […] ein echtes Problem mit meinem Schwulsein [hatten], sie haben mir nach der Schule aufgelauert, meine Jacken oder T-Shirts zerrissen, das ging schon richtig ans Körperliche. Ich wurde rumgeschubst, beleidigt, und meine Sachen wurden auf die Straße geworfen." (Gyula, Seite 85) Die Lehrer_innen, die er um Hilfe gebeten hatte, haben ihm nicht geglaubt. Er hat keine Unterstützung erfahren und die Schule abgebrochen. Gyula musste über andere Bildungswege einen Schulabschluss nachholen.

In diesen drei Erzählungen werden unmittelbare Diskriminierungen bis hin zu gewalttätigen Übergriffen geschildert. Gernas konnte zumindest mit Hilfe einer Jugendpsychologin seinen Selbstwert stabilisieren, aber alle drei mussten die Schule wechseln oder sie abbrechen. Das ist erschreckend, auch und gerade deshalb, weil sie sehr wenig Unterstützung erfahren haben. Nur Gyula erzählt, dass er an der neuen Schule von der Direktorin unterstützt wurde: „In meiner neuen Klasse habe ich mich gleich geoutet. Gleich gab es einen dummen Spruch, und ich dachte mir, bevor es so anfängt wie in der alten Schule, gehe ich mit den Schülern, die das mitbekommen haben, zur Direktorin. Ich habe ihr erzählt, was vorgefallen war, und sie ist richtig ausgerastet. Sie hat dem Schüler mit einem Schulverweis gedroht und hat ein Aufklärungsprojekt in die Schule geholt. Sie hat mich richtig unterstützt." (Gyula, Seite 85)

Ich frage mich, warum die Schüler so wenig Unterstützung erfahren haben, und ich frage mich, ob ein_e autochthon deutsche_r Schüler_in mehr Unterstützung erfahren hätte. Ich weiß es nicht. Ich vermute allerdings, dass die Kombination von Migrationsbiografie und Homosexualität von den Lehrer_innen eher als „entweder – oder" gedacht wird als „und". Und warum sollen einige Lehrer_innen nicht fremdenfeindlich oder rassistisch sein? Grozdan beispielsweise erzählt, dass Lehrer_innen an migrantische Schüler_innen deutlich geringere Erwartungen haben als an autochthone Schüler_innen. Seiner Schwester sollte der Weg ans Gymnasium verwehrt werden, weil sie einen Migrationshintergrund hat: „Die Lehrer haben gesagt, dass man von Migranten nicht erwarten dürfe, dass sie gut deutsch sprechen oder gute bis sehr gute schulische Leistungen erbringen." (Grozdan, Seite 105) Er begegnet diesen negativen Erwartungen mit ausgezeichneten schulischen Leistungen und hofft, so dieser Benachteiligung entgehen zu können; er „antizipiert" die Erfahrungen seiner Schwester.

Die diskriminierende Erfahrung von Grozdans Schwester hinterfragt die allgemeine Schlussfolgerung der aktuellen Studie des Berlin Instituts für Bevölkerung und Entwicklung, „Neue Potentiale", in der Frauen unter den Zuwanderern als „Bildungs- und Integrationsgewinner" beschrieben werden. Offenbar aber können nicht alle Migrantinnen diese Erfahrung teilen. Die Studie verdeutlicht allerdings auch, dass vor allem männliche migrantische Jugendliche die Verlierer der deutschen Bildungs- und Integrationspolitik sind; hier könnte also der Umstand, dass Aram, Gernas und Gyula Männer sind, zum Tragen kommen. Grozdan bildet da eine Ausnahme, denn er erarbeitet sich den Zugang zu „höherer Bildung" durch ausgezeichnete schulische Leistungen.

Die Studie bestärkt mich in der Annahme, dass die unterschiedlichen Erwartungen an die schulischen Leistungen von migrantischen und nicht-migrantischen Schüler_innen strukturell verankert sind, und so, wie Frauen nicht nur ein wenig mehr, sondern deutlich mehr leisten müssen, wollen sie in der Arbeitswelt vorankommen, sind es die männlichen migrantischen Schüler, die ebenfalls deutlich mehr leisten müssen als deutsche Schüler, um im Bildungssystem weiterzukommen.

Bei Aram, Gernas und Gyula kommt zu dieser Gemengelage hinzu, dass sie eine „abweichende" sexuelle Orientierung haben und aus den (heteronormativen) Wertesystemen ihrer Mitschüler_innen und Kommiliton_innen herausfallen. Sie sind massiven Anfeindungen ausgesetzt. Das Letzte, was man als Schüler_in macht, ist, sich Unterstützung von Lehrer_innen zu holen; das ist wahrlich die Option, zu der man nur dann greift, wenn nichts anderes mehr geht. Und man muss erzählen, warum man gemobbt wird. d.h. sich outen. Die Hürde, Unterstützung und Schutz zu suchen, ist also relativ hoch. Wenn einem dann, wie bei Gyula geschehen, nicht geglaubt wird, wird die Frage nach dem Verbleib in der Schule zu einer existenziellen

Frage. Auch wenn Gyula an seiner neuen Schule letztendlich positive Erfahrungen mit der Unterstützung durch die Direktorin gemacht hat, konnte er einem erneuten Mobbing nicht entgehen. Alle drei schwulen Jugendlichen haben die Schule nicht als einen Raum erlebt, in dem sie geschützt sind und so wie sie sind, gefördert werden.

Hier in Deutschland war ich einmal in einem schwulen Jugendtreff, aber ich konnte mich damit nicht anfreunden, weil alleine die sexuelle Orientierung im Vordergrund stand. Vielleicht ist das ein bisschen weit hergeholt, aber alleine durch meinen Hintergrund hatte ich einfach andere Probleme als die Schwulen dort. (Grozdan, Seite 105)

Nun könnte man meinen, dass wenigstens die lesbisch-schwulen Communitys einen geschützten Rahmen bieten, in dem man sich seines Selbst vergewissern kann und Menschen begegnet, die eine ähnliche Biografie haben. Das führt zwangsläufig zu der Frage, inwiefern die Communitys überhaupt einen Raum für Vielfalt bieten und diese auch eine Wertschätzung erfährt.

Die Erzähler_innen unterscheiden sehr genau zwischen der „Szene", die den Bereich der sexuellen Aktivitäten umfasst, und der „Community", die alle anderen Angebote beinhaltet. Die Kontaktaufnahme findet heute verstärkt über das Internet statt, mit der Folge, dass jene Orte, die früher der Kontaktaufnahme dienten, diese Funktion verloren haben. Man geht nicht mehr aus, um neue Menschen kennenzulernen. Das geschieht heutzutage vor allem über das Internet. Die Einrichtungen und Angebote der Community können daher heute eher als „Kommunikationsorte" beschrieben werden, die Menschen mit derselben sexuellen Orientierung teilen.

Ich habe im Kapitel „Lesben, Schwule, Migration" schon darauf hingewiesen, dass es in den lesbisch-schwulen Communitys vereinzelt Angebote für Menschen gibt, die neben ihrer sexuellen Orientierung noch ein weiteres „Ausgrenzungsmerkmal" eint, also zum Beispiel Behinderung oder eine Migrationsbiografie. Meist sind diese Räume geschlossene Räume, d.h. für nicht-behinderte oder nicht-migrantische Lesben und Schwule nicht zugänglich. Alleine das Vorhandensein solcher

Angebote weist darauf hin, dass Homosexualität als alleiniges gruppenspezifisches Diskriminierungsmerkmal auch ausschließend wirken kann, denn, so wie es Grozdan sagt, gibt es Menschen, die „einfach andere Probleme haben". Der Umstand, dass es sich in der Regel um geschlossene Räume handelt, weist folglich auch auf ein Diskriminierungspotenzial innerhalb der lesbisch-schwulen Communitys hin.

Meines Erachtens verändert sich durch die Erfahrung unterschiedlicher Ausgrenzungen der Blick auf die LSBTIQ-Communitys. Ezra erzählt, dass er viele Angebote der Community für „oberflächlich" hält: „Ich fände es schön, wenn sich die Community mehr öffnen würde, so dass alle hier Platz hätten, Junge, Alte, Schwule, Transen und Queers." (Ezra, Seite 76) Auch in dem obigen Zitat von Grozdan wird deutlich, dass ihm das alleinige Verbindende der sexuellen Orientierung nicht genügt, um sich dort angenommen zu fühlen. Auch Mebest hat sich aus der LSBTIQ-Community herausgezogen, weil er fürchtet, dass Menschen dort „schlecht" über ihn reden könnten: „In die schwule Community gehe ich heute sehr selten. Anfänglich war ich oft dort, da war alles neu und interessant, aber jetzt habe ich Angst, dass hinter meinem Rücken über mich geredet wird. Deshalb habe ich mich zurückgezogen. Deutsche Schwule sind freier. Ich habe das Gefühl, sie sind sorgloser. Ich fühle mich manchmal so verklemmt." (Mebest, Seite 91) Mebest ist sehr von seiner Existenzangst getragen und spürt die Folgen seines emotionalen und physischen Rückzugs.

Einen geschlechtsspezifischen Unterschied kann ich in den Erzählungen nicht ausmachen, so erzählt beispielsweise Dajana: „Die lesbische Community hier in Köln finde ich nicht sehr gastfreundlich. Ich wünsche mir die Offenheit und Herzlichkeit, die ich von den Balkanländern kenne, einfach deren Gastfreundschaft. Ich finde es schrecklich, erst kritisch beäugt zu werden und wenn jemand gut aussieht, als „Frischfleisch" gewertet und konsumiert zu werden. Ich wünsche mir, dass die Lesben aufhören würden, immer nur Rechte und Anerkennung zu fordern und stattdessen auch einmal Respekt und Offenheit zeigen würden." (Dajana, Seite 83)

Die Erzähler_innen kritisieren die Fixierung auf die Sexualität, was bei den migrantischen Schwulen als Kritik an der „Szene" und bei den migrantischen Lesben unter „Frischfleisch-Konsum" angesprochen wird. Diese Kritik äußern auch viele autochthon-deutsche Schwule und Lesben.

Verweilen wir in unseren Überlegungen dennoch einen Moment bei Sex und der Suche nach einem_einer Sexualpartner_in: Ein deutlicher Unterschied zu nicht-migrantischen Lesben und Schwulen ist, was ich eingangs als den unter Schwulen verbreiteten „Exotismus" beschrieben habe. Inwiefern hier ein Machtverhältnis zum Tragen kommt, hängt stark von der Herkunft und dem legalen Status der betreffenden Person ab – und davon, ob sie um die Modalitäten der sexuellen Szene wissen.

Die Szene ist nicht immer klar von der Community abgegrenzt, es gibt Grauzonen, in denen auch die Modalitäten (nur Sex, keine Beziehung) unklar sind. Einige Schwule stehen auf Männer exotischer Herkunft, oft aus dem indonesischen Raum. Diese Migranten repräsentieren eher eine Herkunft denn eine Persönlichkeit und werden sexuell ausgebeutet. Deren Persönlichkeit, deren Lebensumstände usw. sind für die deutschen Schwulen in diesem Zusammenhang relativ uninteressant; zumindest ist deren Interesse nicht von Dauer und auf Sexualität beschränkt. Dass es sich dabei im Endeffekt um ein Ausbeutungs- und Abhängigkeitsverhältnis handelt, ist ebenfalls nicht von Interesse.

Andere migrantische Schwule, die nicht unter eine „sexuelle Begehrlichkeit" fallen, müssen eher mit Ablehnung rechnen. Mebest erzählt beispielsweise, dass er in einem schwulen Chat nach seiner Herkunft gefragt worden ist: „[...] aber auch bei den Schwulen im Chat wird oft nachgefragt, welcher Landsmann ich eigentlich bin. Und wenn ich sage, woher ich komme, haben schon einige gesagt, ‚Kein Interesse'." (Mebest, Seite 91) Aber auch Amina erzählt von Zurückweisungen: „In der Szene habe ich keine derartigen Erfahrungen gemacht, dass ich jetzt sagen würde, ich wäre deswegen gekränkt oder so. Aber wenn ich zum Beispiel einen Korb bekomme oder keine Antwort mehr erhalte, wenn ich auf einer Internet-Kontaktseite einer interessierten Frau mein Bild schicke, denke ich schon manchmal: ‚Okay, sie antwortet nicht, weil ich schwarz bin.' Klar, das schießt einem durch den Kopf, aber das ist nichts Negatives für mich. Ich selektiere ja auch." (Amina, Seite 100) Ich hatte schon in dem Kapitel zu Rassismus darauf hingewiesen, dass sich Amina im Umgang mit der Zurückweisung wegen ihrer Hautfarbe nicht als Opfer sieht, welches etwas erleiden muss, sondern als Handelnde, die ähnliche Muster verwendet. Dadurch „normalisiert" sie diese Erfahrung – ein nicht unüblicher Mechanismus, der dieses Geschehen erträglich macht.

Wie dem auch sei, in den Erzählungen werden zwei Stränge der Kritik deutlich: Erstens, die Kritik an der „Szene", bzw. an der Grauzone zur Community, und die nicht immer hinreichende Vermittlung der Modalitäten, und zweitens die Kritik an der Community, die durch die Betonung der Homosexualität als alles vereinendes Merkmal Menschen ausschließt, denen das nicht genügt und nicht genügen kann.

Abschließende Überlegungen

Meine abschließenden Überlegungen sind getragen von zwei Leitsätzen. Der erste lautet: Nur wenn Gleiches gleich und Ungleiches ungleich behandelt wird, kann Gleichheit geschaffen werden. Mein zweiter Leitsatz findet sich in folgender Frage: Wie müssen Strukturen beschaffen sein, um allen Menschen in ihren Einzigartigkeiten gleichberechtigte Zugänge zu gesellschaftlichen Ressourcen zu ermöglichen? Beide Überlegungen zusammen bedeuten, dass ich mir Gemeinsamkeiten mit, aber auch die Unterschiede zu anderen Lesben und Schwulen anschauen muss, um zu sehen, wie diese Strukturen beschaffen sein müssen, und was wir, d.h. die lesbisch-schwulen Communitys, dazu beitragen können.

Die Geschichten handeln von Freiheit: Freiheit bedeutet für die Erzählenden, nicht nur so leben zu können, wie sie es möchten, sondern auch in ihrer Ganzheitlichkeit von ihrer Familie und anderen Menschen angenommen zu sein. Im Umkehrschluss bedeutet Unfreiheit, eben nicht so leben zu können und angenommen zu werden, wie man es möchte: Die sexuelle Orientierung verschweigen zu müssen, Angst zu haben, den Arbeitsplatz zu verlieren, die Befürchtung, von der Familie nicht länger geliebt zu werden usw.

Der erste Schritt zur Freiheit ist das innere Coming-out, also sich selbst anzunehmen, wie man ist. In diesem Sinne bleibt Johanna unfrei, denn auch nach zwanzig Jahren lesbischen Lebens schämt sie sich für ihr Sosein. Sie spürt, dass sie unfrei ist, und wünscht sich nichts sehnlicher, als frei zu sein: „Mein

Gott, ich würde mich unendlich frei fühlen, wenn ich meine Partnerin mit in mein Elternhaus bringen könnte! Das wäre fantastisch, einfach wunderbar! Aber wir sind nicht frei, das geht nicht." (Johanna, Seite 49) Auch Aram fühlt sich unfrei: „Ich komme mir vor, als wäre ich kein Junge, sondern ein unterdrücktes iranisches Mädchen, auf das man aufpassen muss! Meine Mutter wird immer fürsorglicher. Es kommt mir vor, als ob sie mich in Fesseln stecken würde." (Aram, Seite 53) Unfreiheit entsteht, wenn der eigene Lebensentwurf verschwiegen werden muss – und auch, wenn er offen kundgetan wurde. Es gibt keinen Königsweg – und auch keinen Königinnenweg.

Die Erzählungen beschreiben unterschiedliche Wege, Freiheit für sich zu erlangen, und sie zeugen vom Scheitern einiger Erzählenden auf ihrem Weg in die Freiheit: „Ich stelle mir vor, dass ich eine Frau heirate, die zwangsverheiratet werden soll, so eine mit Kopftuch, und dann könnten wir beide ein freies Leben leben." (Gernas, Seite 59) Zumindest zum Zeitpunkt unseres Gesprächs war Gernas bereit, sich den heteronormativen Werten zu beugen; die Angst, seine Familie zu verlieren, wiegt mehr als der Wunsch, seine gleichgeschlechtliche Sexualität offen leben zu können. Dennoch sucht er eine Nische, in der er seine Sexualität leben kann, d.h. versucht, sich in einem heteronormativen Kontext Freiräume zu schaffen. Er hofft, das könnte ihm gelingen, wenn er eine ebenfalls „unfreie" Frau heiratet.

Vieles von dem, was in den Erzählungen angesprochen wird, ist auch den autochthonen Lesben und Schwulen vertraut: Das innere und das äußere Coming-out, die Sorge, die Liebe der Eltern zu verlieren, Ausgrenzungen in der Schule, die Überlegung, ob es sinnvoll ist, immer seine sexuelle Orientierung offenzulegen, die Kritik an der, na ja, Sexlastigkeit der Szene, das Gefühl, nicht ganzheitlich in der Community wahrgenommen zu werden. Und so weiter.

Was also sind die Unterschiede, worin sind sie begründet, und wie wirken sich diese auf das Leben einzelner Menschen aus? Es gibt relevante und irrelevante Unterschiede. Die Relevanz eines Unterschieds ergibt sich aus dessen Wirkmächtigkeit: Geschlecht, Herkunft, sexuelle Identität, Alter, Hautfarbe, all das sind wirkmächtige – und damit relevante – Unterschiede. Unterschiede sind an und für sich nicht negativ. Alle Menschen unterscheiden sich voneinander. Problematisch wird es dann, wenn Unterscheidungsmerkmale und Ausgrenzungen miteinander verknüpft werden.

Ich habe eingangs erläutert, dass es gesellschaftlich getragene Diskriminierungen gibt, die als „Strukturkategorie" beschrieben werden. Darunter fallen Diskriminierungen wegen des Geschlechts (Sexismus), wegen der Herkunft (Fremdenfeindlichkeit), wegen der Hautfarbe oder eines anderen biologischen Merkmals (Rassismus und Antisemitismus) und wegen der sexuellen Orientierung (Heteronormativität). Ein Merkmal genügt eigentlich, um lebenslange Benachteiligung zu erfahren, Frauen können davon ein Lied singen. Aber gerade in ihrer Kombination werden diese Kategorien besonders wirkmächtig und haben existenziellen Einfluss auf die Lebensläufe von Menschen. Daher ist die Frage, ob die Zugehörigkeit zu mehreren an den gesellschaftlichen Rand gedrängten Gruppen, zum Beispiel lesbisch, Frau und Migrantin, sich verstärken und ob dem gegenüber die Zugehörigkeit zu einer marginalisierten Gruppe und zu einer Gruppe, die *nicht* ausgegrenzt ist, also beispielsweise schwul, autochthon-deutsch und Mann, die Summe der Ausgrenzungseffekte verringert. Dieser Sachverhalt lässt sich sprachlich kaum darstellen, „und" bedeutet hier nicht „plus", sondern eher „mit": Frau *mit* Migrationsbiografie *mit* Homosexualität *mit* schwarzer Hautfarbe.

Ich möchte diese Überlegung an einem Beispiel verdeutlichen. Die Erzählungen zeigen, dass die von mir befragten mi-

grantischen Lesben ihr Coming-out mehrheitlich erst hatten,
als sie Ende 20 waren: Johanna und Svetlana mit ca. 27 Jahren
und Dajana mit 31 Jahren. Amina fällt ein wenig aus der Rolle;
ihr Coming-out hatte sie mit ungefähr 15 Jahren. Nun wäre
festzustellen, ob das Unterscheidungsmerkmal „Herkunft/Mi-
gration" Einfluss auf den Zeitpunkt des Coming-out hat.

Nach einer Berliner Untersuchung von 1999[22] hatten die
meisten Lesben erstmals mit 15 Jahren das Gefühl, „anders zu
sein." Erste sexuelle Erfahrungen hatten sie dann mit annähernd 19 Jahren. Ebenfalls nach dieser Studie hatten die männlichen Jugendlichen bereits mit fast 14 Jahren das Gefühl, „anders zu sein", und mit 17 Jahren ihre ersten gleichgeschlechtlichen sexuellen Erfahrungen. 95 Prozent der Befragten der
Berliner Studie waren deutscher Herkunft. Lesben sind also ein
wenig später dran als Schwule. Ich gehe allerdings davon aus,
dass das Coming-out-Alter nach Einführung der Eingetrage-
nen Partnerschaft und mit zunehmender gesellschaftlicher Akzeptanz weiter gesunken ist.

Die lesbischen Erzählerinnen dieses Buchs hatten ihr (teil-
weises) äußeres Coming-out mit fast 30 Jahren, also mehr als
13 Jahre später als die in den Untersuchungen befragten Lesben. Die migrantischen Schwulen hingegen hatten ihre Coming-outs zwischen zwölf oder 13 Jahren und spätestens 17
Jahren. Hier gäbe es *keinen* bedeutenden Unterschied zu den in
der Berliner Studie befragten deutschen Schwulen.

Dieser wesentliche Unterschied zwischen migrantischen
Lesben und migrantischen Schwulen führt mich zu folgenden
Überlegungen:

• Der heteronormative Druck ist auf diese Frauen so stark, dass
  sie länger als autochthon-deutsche Frauen in diesen Strukturen bleiben; sie wollen heiraten oder haben es bereits getan
  und haben erste Sexualkontakte mit Jungen.

- Migrantische Schwule unterliegen ebenfalls einem starken heteronormativen Druck, dem sie allerdings früher entfliehen als lesbische Migrantinnen.

- Der heteronormative Druck bleibt in seiner Massivität auch in dem Migrationsland (hier: Deutschland) erhalten, weil zumindest in den Städten migrantische Strukturen vor allem in Diaspora-Gemeinschaften gefestigt und erhalten werden und dort eine Abgrenzung bzw. Isolierung zur „aufnehmenden" Gesellschaft gelingt.

- Der heteronormative Druck auf die lesbischen Migrantinnen wird durch ihr soziales Geschlecht verstärkt; das Netz der sozialen Kontrolle ist größer als bei den Jungen bzw. Männern. Es gibt die Erwartung, dass junge Frauen erst dann das Elternhaus verlassen, wenn sie heiraten oder zumindest mit einem Mann zusammenleben. Oder so, wie es Aram ausdrückt: „Ich komme mir vor, als wäre ich kein Junge, sondern ein unterdrücktes iranisches Mädchen, auf das man aufpassen muss!" Auf Mädchen muss man mehr aufpassen als auf Jungen. Der Druck, dass Frauen Kinder bekommen und so die Familie „fortführen", ist ebenfalls immens hoch. Es kommt also nicht von ungefähr, dass migrantische Lesben erst später als migrantische Schwule ihr gleichgeschlechtliches Begehren wahrnehmen und für sich annehmen.

- Jetzt ist es aber auch so, dass sich migrantische Schwule zu dem Zeitpunkt ihres inneren Coming-outs nur wenig von autochthonen Schwulen unterscheiden. Der heteronormative Druck führt also nicht zwangsläufig zu einer Verzögerung des inneren Coming-outs. Ich glaube aber, dass dieser sich anderswo zeigt, und zwar in den Erwartungen und Hoffnungen an den (zukünftigen) Partner: Sie wünschen sich eher eine stabile und dauerhafte Beziehung als kurzlebigen Sex. Sie tragen ein großes Risiko, den Kontakt zu ihrer Herkunftsfamilie zu verlieren, und möchten das deshalb nur eingehen, wenn sie eine stabile, langfristige Beziehung erwarten können.

Nun ist es aber auch so, dass die Allgegenwärtigkeit von Strukturkategorien nicht Halt vor den gesellschaftlichen „Randgebiete" macht. Nur so lässt sich erklären, warum es auch innerhalb marginalisierter gesellschaftlicher Gruppen Ausgrenzungen und Diskriminierungen anderer an den Rand gedrängter gesellschaftlicher Gruppen gibt. Das kann Vorbehalte von autochthonen Lesben und Schwulen gegenüber Migrant_innen – und umgekehrt – betreffen, die Abwertung von Langzeitarbeitslosen, von Dicken usw. Und die eine Migrant_innengruppe hat Vorurteile gegenüber anderen Migrant_innengruppen. Vorurteile erfreuen sich einer großen Vielfalt und sind grenzenlos.

Mich führt das Thema aber zu einem anderen Punkt: In den lesbisch-schwulen Communitys gibt es eigene Werte und Normen, die zum Beispiel das Coming-out betreffen. So schreibt der LSVD in seiner Broschüre zu Regenbogenfamilien von 2007 (Seite 15): „Ein Coming-out ist erfolgreich abgeschlossen, wenn eine lesbische Frau oder ein schwuler Mann auch öffentlich, d.h. in den äußeren Lebensbezügen, zur eigenen homosexuellen Orientierung stehen und mehr oder weniger selbstbewusst damit umgehen kann." Es wird deutlich: Der Erfolg eines Coming-outs hängt sehr davon ab, dass man gegenüber Dritten selbstbewusst zu seiner sexuellen Orientierung steht. „Proud to be gay!" war und ist der Leitspruch vieler Lesben- und Schwulenbewegungen.

Die Erzählungen lehren mich einen anderen Blick: Die Gesprächspartner_innen erzählen, dass sie immer wieder überlegen und entscheiden, sich *nicht* zu outen; sie wägen ab, welches „Gut" ihnen in diesem Moment mehr bedeutet: die Liebe der Familie oder das Offenlegen der Homosexualität? Die Angst, aus der Familie und der Diaspora-Gemeinschaft ausgeschlossen zu werden, oder sich zu outen? Einige machen gute Erfahrung damit, ihre homosexuelle Lebensweise offenzulegen, andere erleben stärkere Zwänge und größeren Druck, in das „normale" Leben zurückzukehren. Die Entscheidung, sich zu outen oder es zu unterlassen, ist oft von Angst genährt. Der Angst vor Verlust. Und genau deshalb suchen sie sich ihre Freiräume, sie sind gegenüber Freund_innen geoutet, es ist ihnen wichtig, dass ihr Arbeitgeber ihre Homosexualität akzeptiert, einige Geschwister wissen um die Homosexualität des Bruders oder der Schwester.

Welche Freiräume letztendlich genutzt werden können, hängt auch von dem Umstand ab, eine Migrationsbiografie zu haben. Nicht nur, weil die Menschen in ein für sie fremdes Land migriert sind, sondern weil sie auch nach vielen Jahren immer noch als Fremde angesehen werden. Man kann hier geboren und aufgewachsen sein, man kann einen deutschen Pass haben, aber: „Ausländer bleibt Ausländer". Sie können Deutschland nicht als ihre Heimat wahrnehmen, denn das wird ihnen nicht ermöglicht. Infolgedessen ist ihnen der Zugang zu bestimmten Angeboten oder Ressourcen verwehrt. Auf der anderen Seite verhindert aber auch das Leben in Diaspora-Gemeinschaften eine Annäherung; Homosexualität ist ein negatives Abgrenzungsmerkmal zur „aufnehmenden" Gesellschaft. Diaspora-Gemeinschaften entstehen, weil ihre Mitglieder etwas Vertrautes teilen, aber auch, weil sie einen geschützten Raum bieten; hier sind sie sicher vor fremdenfeindlichen und rassistischen Herabsetzungen und Gewalt. Der Ausschluss aus diesem geschützten Raum hieße, nicht nur möglicher Homosexuellenfeindlichkeit, sondern auch Frauenfeindlichkeit und Rassismus/Antisemitismus zu begegnen. Was also bedeutet ein „gelungenes" Coming-out für Menschen, die einen Spagat zwischen verschiedenen Welten vollbringen müssen?

Die Vorstellung, ein erfolgreiches Coming-out sei, wenn man gegenüber Dritten selbstbewusst zu eigenen sexuellen Orientierung steht, ist ein hehrer Anspruch. Für einige Lesben und Schwule könnte dieser Anspruch tödlich enden. Manchmal stelle auch ich mein Selbstbewusstsein zurück und entscheide, jetzt nicht zu sagen, dass ich lesbisch bin. Manchmal denke ich, das Risiko, etwas zu verlieren, ist mir zu groß. Letztendlich überlegen alle Lesben und Schwule immer wieder, wo es für uns „sicher" ist, uns zu outen – und wo nicht. Aber wir Autochthonen tragen ein geringeres Risiko, alles zu verlieren.

Coming-out bedeutet, so glaube ich, sich Schritt für Schritt Freiräume zu schaffen. Nicht mehr und nicht weniger. Das aber tun alle Erzählenden.

In den Erzählungen ist ein besonderer „Brennpunkt" deutlich geworden, nämlich die Homophobie an Schulen. Die meisten der Erzähler_innen sind in Deutschland zur Schule gegangen, einige haben eine Hochschule besucht. Neben der Familie ist die Schule ein weiterer zentraler Reproduktionsort für Heteronormativität, Sexismus, Fremdenfeindlichkeit, Antisemitismus und Rassismus. Diese Formulierung ist sehr neutral gehalten, sie beschreibt einen Sachverhalt. Die Akteure können Mitschüler_innen, Mitstudierende oder Lehrkräfte sein. Natürlich taucht da die Frage auf, wie denn diese Werte durchgesetzt werden: Teilweise offen aggressiv bis gewalttätig und teilweise versteckt.

Ein „schönes" Beispiel für versteckten Rassismus ist, dass an Migrant_innen vielerorts geringere Bildungserwartungen gestellt werden als an autochthone Schüler_innen. Sie erhalten seltener eine Empfehlung für das Gymnasium. D.h., sie müssen sehr viel besser sein als Ursprungs-Deutsche, wenn sie die gleichen Bildungschancen haben wollen. Zudem nehmen viele Lehrer_innen Migration und Homosexualität nicht nur als getrennte, sondern als sich gegenseitig ausschließende Bereiche wahr. Nach wie vor ist es so, dass die Thematisierung von Homosexualität und Geschlechtsidentität an den Schulen nicht in den Landesbildungsplänen verankert ist. Es gibt also keine Pflicht, sich damit auseinanderzusetzen.

Ein anderes Beispiel ist, dass migrantische Studierende auch gefragt werden, wann sie denn gedenken, wieder in ihr Heimatland zurückzukehren. Dass Studierenden dieser fremdenfeindlichen Erwartung begegnen, zeigt sich am Beispiel von Adrián, der „brav" in sein Heimatland zurückkehren wollte. Nachdem man aber sein Potenzial erkannt hatte, war klar, dass er eine Bereicherung für die hiesige Wirtschaft bedeuten könnte. Also wurde ihm angetragen zu bleiben. Studierende, bei denen dieses Potenzial nicht entdeckt wird, werden dem gegenüber offen oder versteckt aufgefordert zurückzukehren. Schwul oder lesbisch hin oder her. Menschenrechtslage hin oder her.

Das bedeutet, dass auch Studierende, also der „höhere Bildungsbereich", nicht frei ist von Heteronormativität, Homophobie, Sexismus und Rassismus. „Nicht frei von" bedeutet, dass diese Ausgrenzungen möglicherweise weniger häufig auftreten als in anderen sozialen Bereichen, das zumindest legen Studien zum Bildungsstand von ausländerfeindlichen Menschen nahe. Die Hochschule ist dennoch kein geschützter Raum. Die Situation an Schulen und Hochschulen wird von der Europäischen Agentur für Menschenrechte beleuchtet: Nach einer Online-Befragung der Agentur 2012 haben immerhin 16 Prozent der Lesben, Schwulen, Bisexuellen und Trans* in Deutschland in den vergangenen zwölf Monaten Diskriminierung in der Schule oder an der Hochschule durch Angestellte erlebt. Litauen weist mit 31 Prozent den höchsten Wert auf, gefolgt von Rumänien mit 30 Prozent und Portugal mit 29 Prozent[23].

Zudem können sich auch an Hochschulen „Diaspora-Gemeinschaften" bilden, in denen Normen und Werte der Herkunftskulturen bestätigt und stabilisiert werden. Studentische

Diaspora-Gemeinschaften funktionieren wie andere Diaspora-Gemeinschaften; von der Heteronormativität abweichende Verhaltensweisen oder Geschlechtsidentitäten werden auch hier mit Ausschluss oder gar mit Gewalt sanktioniert. Ich gehe davon aus, dass diesen Diskriminierungen durch Bildung und Sensibilisierung begegnet werden kann. In einigen Studienfächern werden Homosexualität und Geschlechtsidentität thematisiert, so zum Beispiel in der Sozialen Arbeit, in der Psychologie, in Genderstudies und in der Medizin. Aber eben nicht in allen Bereichen. Manche würden sich auch fragen, was das Thema in naturwissenschaftlichen Fächern wie Physik oder Chemie zu suchen hätte. Das ist recht einfach zu erklären: Auch diese Menschen vergesellschaften sich, sie werden in beruflichen Zusammenhängen mit anderen Menschen arbeiten müssen, einige von ihnen sind vielleicht sogar homosexuell. Auch Naturwissenschaftler müssen um Menschenrechte wissen. Dass die sogenannte Bildungselite so manche Defizite hat, zeigt sich gerade am Thema Gleichberechtigung von Frauen: Wenn ein Statistik-Professor die Kurvendiskussion anhand von Brüsten führt, finden das vielleicht einige Studenten gut. Ich fand das damals nicht witzig. Gut, das ist jetzt schon eine Weile her, hat aber nichts an Aktualität verloren: Der Anteil von Studentinnen in den sogenannten MINT-Fächern (Mathe, Informatik, Naturwissenschaften, Technik) ist nach wie vor gering. Und das ist sicherlich kein Ausdruck mangelnder Fähigkeiten.

Wie bereits festgestellt, wirkt Bildung Diskriminierung entgegen, zumindest wissen dann diejenigen, was sie tun. In Deutschland haben sich bundesweit ehrenamtlich durchgeführte Schulprojekte wie SchLAu (Schwul, lesbisch, bi, trans* Aufklärungsprojekte) etabliert, die den Schüler_innen die Themen sexuelle Orientierung und Geschlechtsidentität näher bringen. Die Teilnahme ist allerdings freiwillig, so dass häufig genau diejenigen daran teilnehmen, die das Projekt eigentlich nicht benötigen. Auch ist nicht jede Schule offen für die Durchführung derartiger Projekte. Ich halte es für zwingend notwendig, Homosexualität und Geschlechtsidentität in die Landesbildungspläne aufzunehmen. Baden-Württemberg hat das versucht, eine Petition gegen diese Absicht wurde in kürzester Zeit von mehr als 80.000 Menschen unterzeichnet. Und natürlich die Kirchen, katholische und evangelische, sprachen sich ebenfalls dagegen aus, die Themen im Bildungsplan zu verankern. In einem gemeinsamen Statement betonten sie: „Jeder Form der Funktionalisierung, Instrumentalisierung, Ideologisierung und Indoktrination gilt es zu wehren. Dies gilt nicht zuletzt im sensiblen Bereich der sexuellen Identität und damit verbundener persönlicher und familiärer Lebensentwürfe."[24] Als ob die Landesregierung die Schüler_innen dahingehend beeinflussen könnte, lesbisch oder schwul zu werden!

Aber auch dort, wo Migration, Behinderung und Homosexualität Gegenstand von Lehre sind, fehlt oft die Verknüpfung dieser Themen: migrantische Lesben und Schwule mit Behinderungen. Die Wahrnehmung von Homosexualität und Migration als sich gegenseitig ausschließende Bereiche hat zur Folge, dass migrantische Lesben und Schwule an Schulen nicht die Unterstützung erfahren, der sie dringend bedürfen, und so teilweise gezwungen sind, die Schule zu wechseln oder gar abzubrechen. Beides hat existenzielle Folgen, denn ein Schulabschluss ist zwingende Voraussetzung für die weitere Ausbildung. Eine abgeschlossene Ausbildung wiederum erhöht die Chancen auf dem Arbeitsmarkt, dessen Zugang für Migrant_innen eh erschwert ist.

Erleben migrantische lesbische oder schwule Schüler_innen und Studierende Diskriminierung bis hin zu Gewalt wegen ihrer sexuellen Orientierung, können sie nicht einmal auf den Schutz der Familie zurückgreifen, da diese schlimmstenfalls die homophoben Werte und Normen teilt. Ein Coming-out gegenüber der Familie hätte also dieselben Folgen, die die betroffenen Personen bereits an der Schule oder der Hochschule erlebt haben. Auch würde durch das lesbische oder schwule Coming-out die Familie als Schutzraum gegen Fremdenfeindlichkeit und Rassismus verlorengehen. Ein Dilemma für die Betroffenen.

Im Regelfall erfolgen nach dem Schulabschluss eine Lehre und dann ein Arbeitsplatz, und nach dem Studium begeben sich die Studierenden ebenfalls auf den Arbeitsmarkt. Lesben und Schwule mit einer Migrationsbiografie haben einen *mehrfach* erschwerten Zugang zum Arbeitsmarkt: Sie treffen auf Sexismus, Heteronormativität, Fremdenfeindlichkeit bzw. Rassismus und Antisemitismus. Aus diesem Konglomerat können sich „Synergieeffekte" ergeben, d.h. deren Zusammenwirken führt zu einem deutlich erschwerten Zugang zum Arbeitsmarkt, als ihn autochthone Deutsche haben. Der erschwerte Zugang zum Arbeitsmarkt gefährdet die Existenz der migrantischen Lesben und Schwulen, besonders in wirtschaftlich schwierigen Zeiten. Viele versuchen daher, ihren Arbeitsplatz zu sichern, indem sie nicht auffallen und keine Ansatzpunkte für Herabsetzungen bieten. Andere, die erst einen Arbeitsplatz suchen, versuchen ebenfalls, möglichst „normal" zu erscheinen und so wenig wie mögliche Ansatzpunkte für Ausschlüsse zu bieten.

Angesichts dieser Perspektivlosigkeit suchen andere sich berufliche Nischen: Eine Möglichkeit, die Existenz zu sichern, ist, unter Rückbesinnung auf die Diaspora-Gemeinschaft zielgruppenspezifisch zu arbeiten. Das hat aber seinen Preis, denn dort ist man immer wieder mit den heteronormativen Werten der Gemeinschaft konfrontiert und muss gegebenenfalls seine Homosexualität verschweigen oder gar verleugnen. Es gilt also, eine Balance zu finden zwischen der Notwendigkeit, die Existenz zu sichern, und dem Offenleben des eigenen Lebensentwurfs. Hier taucht erneut die Frage nach den Freiräumen

175

auf, wo sie für sich geschaffen werden können und wo eben die Existenzsicherung Vorrang hat. Für andere aber stellt der Arbeitsplatz außerhalb der Diaspora-Gemeinschaft tatsächlich auch einen Freiraum dar, in dem sie ihre sexuelle Orientierung nicht verschweigen wollen.

Der Spagat zwischen dem Verschweigen der sexuellen Orientierung gegenüber der Herkunftsfamilie und der gelebten Offenheit am Arbeitsplatz ist nicht so einfach zu verstehen. Johanna erzählt, dass sie bereits im Bewerbungsgespräch auf ihr Lesbischsein hingewiesen hat und die Stelle gegebenenfalls sogar abgelehnt hätte, wenn das ein Problem gewesen wäre (Johanna, Seite 49). Die Akzeptanz ihres gleichgeschlechtlichen Begehrens war für sie derart wichtig, dass sie auch bereit gewesen wäre, ihre wirtschaftliche Existenz aufs Spiel zu setzen. Gleichzeitig verschweigt sie ihre sexuelle Orientierung gegenüber ihrer Familie, weil sich befürchtet, dass diese sich von ihr abwenden könnte. Ihre Forschheit und ihr Mut auf der einen Seite, die existenzielle Angst auf der anderen Seite; zumal die Erwerbstätigkeit ebenso existenziell ist wie die Familie.

Ich glaube, das kann man nur verstehen, wenn man berücksichtigt, dass der Arbeitsplatz außerhalb der Diaspora-Gemeinschaft liegt, also in einem gesellschaftlichen Bereich, in dem Homosexuellenfeindlichkeit nicht länger hingenommen wird. Siehe die Klagemöglichkeit nach dem Allgemeinen Gleichbehandlungsgesetz (AGG). Und dennoch, sie riskiert einen möglichen Arbeitsplatz, während sie den potenziellen Verlust ihrer Familie um jeden Preis verhindern will. Diese „Strategie" deutet erneut auf die zentrale und existenzielle Bedeutung der Familie hin – die sie vor allem durch die familiäre Migrationsbiografie erhält.

Abschließend möchte ich nun doch etwas näher auf das Thema „Religiosität" eingehen. Eingangs habe ich eine Untersuchung des Lesben- und Schwulenverbandes Deutschland

(LSVD) herangezogen, in der die Vermutung aufgestellt wird, dass je größer der Einfluss von Religion ist, desto geringer der Selbstwert der Betroffenen. In den hier angeführten Erzählungen scheint Religion aber weniger eine grundlegend religiöse als vielmehr eine kulturell bedeutende Rolle zu spielen. Außer bei Ezra, der zuerst religiös und dann schwul war.

Religiöse Rituale gelten eher als familiäre Traditionen und halten Familie zusammen, als dass sie Ausdruck von Religiosität sind. Und dennoch, einige der Erzählenden berichten auch von ihrer Auseinandersetzung mit ihrem Glauben, sei es nun als Muslime, Christen oder als Juden. Sie suchen einen Weg, die unterschiedlichen Wertgefüge miteinander zu vereinbaren, oder genauer gesagt, die unterschiedlichen Botschaften: Wenn Gott oder Allah mich so geschaffen hat, wie ich bin, dann muss es gut sein. Tiefgreifende Glaubenskonflikte haben sich in keinem der Interviews gezeigt. Im Gegenteil: Gesucht wird die Vereinbarkeit von Glauben und homosexueller Lebensweise.

Natürlich gibt es noch die andere Seite, Eltern ziehen ihren Glauben heran, um sich einer heteronormativen Normalität zu vergewissern. Einige Glaubensrichtungen haben den Weg in die Moderne eingeschlagen (ob sie da schon angekommen sind, sei mal dahingestellt), andere eher nicht. Wäre der Glaube eine private Angelegenheit, könnte es egal sein, wer welchen Glauben hat oder eben nicht, wie archaisch dieser auch sein mag. Das Problem liegt in dem gesellschaftlichen Einfluss der Religionen: Sollen Frauen Niqab, Burka oder Bushiya im öffentlichen Raum tragen? Nein! Sollen christliche Kreuze in Schulen hängen? Nein! Soll es christliche Feiertage geben? Nein! Ich fände es angemessen, wenn IDAHO (Internationaler Tag gegen Homophobie) ein gesetzlich festgelegter Feiertag wäre. Und der Internationale Frauentag. Und der Nichraucher_innentag.

Der vom Lesben- und Schwulenverband festgestellte geringere Selbstwert migrantischer Lesben und Schwulen ist meines Erachtens weniger der Religiosität als den Verwobenheiten unterschiedlicher Diskriminierungsfaktoren geschuldet: Rassismus/Antisemitismus, Sexismus und Heteronormativität. Sie verzögert und erschwert eine stabile lesbische oder schwule Identitätsbildung, ebenso eine Emanzipation von der Herkunftsfamilie. Die Erzählungen zeigen eindrücklich die Zerrissenheit zwischen der Herkunftsfamilie, deren Normen und Werten und dem gleichgeschlechtlichen sexuellen Begehren auf.

Der Kultursoziologe Wenzel Bilger (2012: 9) spricht in seinem Buch zur Identität „schwuler Deutschtürken" von einer „zunehmend sichtbaren Subkultur Nicht-Heterosexuelle türkischen Hintergrunds". In den Erzählungen konnte ich keine zunehmende Anbindung an eine parallele migrantische LSBTIQ-Subkultur feststellen. Deutlich geworden ist allerdings, dass fremdenfeindliche bzw. rassistische Erfahrungen in den LSBTIQ-Communitys ein Hindernis sind, sich dort stärker einzubringen.

Einige Erzählende berichten, dass es ihnen nicht genügt, Gemeinsamkeit alleine in der sexuellen Orientierung zu suchen; sie finden sich in ihren biografischen Besonderheiten nicht in den Angeboten der Communitys wieder. Auch werden zielgruppenspezifische Angebote innerhalb der LSBTIQ-Communitys zwiespältig betrachtet; nicht alle würden sie nutzen wollen. Der Tenor geht stärker in die Richtung, eine breite Öffnung der Communitys für Vielfalt einzufordern. Lesben, Schwule, Trans*, Queers usw. sollen in ihren Verschiedenheiten – seien es Alter, Herkunft, Geschlechtsidentität, Behinderung usw. – einen Raum haben. Diese Offenheit würde meines Erachtens auch den Ausgrenzungen innerhalb bestimmter Gruppen entgegenwirken: Ich denke hier vor allem an Rassismus und Fremdenfeindlichkeit zwischen verschiedenen Migrationsgruppen. Die Erzählenden betonen eher die Forderung nach einer Auseinandersetzung mit Vielfalt, als dass sie Wert auf geschlossene Gruppen legten. Sie möchten in ihrer Unterschiedlichkeit wahrgenommen und angenommen werden.

Das bedeutet, dass die lesbischen und schwulen Communitys sich *strukturell* öffnen müssen. Der Nachteil einer zunehmenden Individualisierung kann Einsamkeit sein, der Vorteil aber, dass Menschen in ihrer Individualität wahrgenommen und akzeptiert werden. Für mich heißt das, dass eine Willkommenskultur geschaffen werden muss, in der jede_r so, wie er_sie ist, angenommen wird. Geschlossene Gruppen für migrantische Lesben und Schwule können zwar dazu beitragen, dass sich lesbisch-schwule Identitäten vor dem Hintergrund der Migration stabilisieren, aber langfristig muss mehr geschehen. Unter anderem muss der schwule Exotismus auf den Prüfstand. Und die lesbische Fleischbeschau. Auf den Prüfstand muss auch unser Bild von Attraktivität. Wir sollten anfangen, in Vielfalt zu denken. Natürlich werden wir immer bestimmte Menschen attraktiver finden als andere. Und natürlich wird es weiterhin Ausgrenzungen und Diskriminierungen auch innerhalb der LSBTIQ-Communitys geben, aber es wäre schon ein Fortschritt, wenn wir uns wenigstens klar darüber sind, dass wir diskriminieren. Besser wäre allerdings, Herz und Verstand für die Unterschiedlichkeit und Vielfalt von Menschen zu öffnen. Wir sind verschieden – und das ist gut so.

Literatur

Bilger, Wenzel: Der postethnische Homosexuelle – Zur Identität „schwuler Deutschtürken". Bielefeld, 2012.

Bourdieu, Pierre: Soziologische Fragen. Frankfurt am Main, 1993.

Bundesministerium für Familie, Senioren, Frauen und Jugend: Ehe, Familie, Werte – Migrantinnen und Migranten in Deutschland. Monitor Familienforschung. Ausgabe 24. Berlin, 2010.

Gloger-Tippelt, Gabriele (Hg.): Bindung im Erwachsenenalter. Bern, 2001.

Heitmeyer, Wilhelm (Hg.): Deutsche Zustände, Folge 10, Berlin, 2012.

LesMigraS (Hg.): „Nicht so greifbar und doch real" – Eine quantitative und qualitative Studie zu Gewalt und (Mehrfach) Diskriminierungserfahrungen von lesbischen, bisexuellen Frauen und Trans* in Deutschland. Berlin, 2012.

LSVD: Regenbogenfamilien – alltäglich und doch anders. Berlin, 2007.

Lutz, Helma/Herrera Vivar, Maria Teresa/Supik, Linda (Hg.): Fokus Intersektionalität – Bewegungen und Verortungen eines vielschichtigen Konzepts. 2. Aufl. Wiesbaden, 2010/2013.

Senatsverwaltung für Schule, Jugend und Sport, Fachbereich für gleichgeschlechtliche Lebensweisen: Sie liebt sie. Er liebt ihn. Eine Studie zur psychosozialen Situation junger Lesben, Schwuler und Bisexueller in Berlin. Berlin, 1999.

Simmel, Georg: Soziologie – Untersuchungen über die Formen der Vergesellschaftung, Band II. Frankfurt am Main, 1992.

Winker, Gabriele/Degele, Nina: Intersektionalität – Zur Analyse sozialer Ungleichheiten. Bielefeld, 2009.

Wolf, Gisela: Erfahrungen und gesundheitliche Entwicklungen lesbischer Frauen im Coming-out-Prozess. Herbholzheim, 2004.

Links

FRA – Europäische Agentur für Grundrechte: Erfahrungen von LGBT-Personen mit Diskriminierung und Hasskriminalität in der EU und Kroatien: http://fra.europa.eu/sites/default/files/eu-lgbt-survey-factsheet_de.pdf

Bundesministerium für Familie, Senioren, Frauen und Jugend: Monitor Familienforschung: http://www.bmfsfj.de/Redaktion-BMFSFJ/Broschuerenstelle/Pdf-Anlagen/Monitor-Familien-forschung-Nr.24,property=pdf,bereich=bmfsfj,sprache=de,rwb=true.pdf

Endnoten

1   bpd, 04.06.2014: http://www.bpb.de/nachschlagen/zahlen-
    und-fakten/soziale-situation-in-deutschland/61646/migra-
    tionshintergrund

2   Berlin Institut für Bevölkerung und Entwicklung (2014):
    Neue Potentiale – Zur Lage der Integration in Deutsch-
    land.

3   Universität Leipzig, Rechtsextremismus Studie: Die stabili-
    sierte Mitte (2014)

4   In: Süddeutsche Zeitung vom 13.09.2013

5   ICD = International Statistical Classification of Diseases
    and Related Health Problems. Hier werden alle Gesund-
    heitsprobleme, die als Krankheit klassifiziert werden, aufge-
    führt. Sie wird von der WHO (World Health Organisation)
    herausgegeben.

6   BKÄ – Bund Katholischer Ärzte, BKÄ-AK Homosexuali-
    tät. www.bkae.org. 10.2013, gw.

7   Das Institut für Jugend und Gesellschaft ist das pseudo-
    wissenschaftliche Institut der christlichen Organisation Of-
    fensive Junger Christen (OJC).

8   Nora Markard: Sexuelle Orientierung als Fluchtgrund –
    Das Ende der „Diskretion" in: ASYLMAGAZIN 3/13, S.
    74-84.

9   Weitere Infos zu dem Fall finden sich auf der Webseite von
    Quarteera, einem russisch-deutschen LGBT-Verein: www.
    quarteera.de

10 FRA – Europäische Agentur für Grundrechte (2012): Erfahrungen von LGBT Personen mit Diskriminierung und Hasskriminalität in der EU und Kroatien.

11 LSBTIQ bedeutet: lesbisch, schwul, bisexuell, trans*, intersexuell, queer. LSBTIQ wird heutzutage eher verwendet als lesbisch-schwul. Da ich aber nur Menschen befragt habe, die sich als lesbisch oder schwul bezeichnet haben, nutze ich weiterhin die zwar etwas altbackene, aber genauere Begrifflichkeit „lesbisch-schwul".

12 Zum Beispiel LSVD e.V. (Hg.): Doppelt diskriminiert oder gut integriert? Lebenssituation von Lesben und Schwulen mit Migrationshintergrund in Deutschland. (2010, Köln). Und: LesMigraS (Hg.): „Nicht so greifbar und doch real" – Eine quantitative und qualitative Studie zu Gewalt und (Mehrfach) Diskriminierungserfahrungen von lesbischen, bisexuellen Frauen und Trans* in Deutschland. (2012, Berlin).

13 bpb, 20.11.2013: http://www.bpb.de/gesellschaft/gender/homosexualitaet/38870/schwule-lesben-und-muslime

14 May Ayim (1995): blues in schwarz weiss; May Ayim (1997): Grenzenlos und unverschämt; beide Orlanda Frauenverlag

15 Ika Hügel-Marshall (1998): Daheim unterwegs – Ein deutsches Leben. Orlanda Frauenverlag

16 Ich verwende zwar den Begriff „Rasse", da im Englischen vor allem von „race" gesprochen wird und sich diese Begrifflichkeit auch in „Rassismus" wiederfindet. Ich bin mir dabei aber der unsäglichen Ideologien der NS-Zeit bewusst und vor allem der Tatsache, dass es nur eine Rasse gibt: den Menschen.

17 Heike Raab (2007): Intersektionalität in den Disability Studies. Zur Interdependenz von Behinderung, Heteronormativität und Geschlecht. In: Waldschmidt, A. und W.

Schneider (Hg.): Disability Studies, Kultursoziologie und Soziologie der Behinderung. S. 127-148.

18 Migrationsbericht des Bundesamts für Migration und Flüchtlinge im Auftrag der Bundesregierung (2012)

19 Ich entschuldige mich bei den Schwulen für die Wortwahl, könnte sie doch unangenehme Assoziationen wecken.

20 Quelle: http://www.domradio.de/themen/papst-franzis-kus/2014-01-04/beck-kritisiert-papst-aeusserung-zu-ho-mosexuellen-partnerschaften; 24.6.2014.

21 Quelle: http://www.sueddeutsche.de/karriere/dak-gesund-heitsreport-arbeitslose-sind-gestresster-als-leitende-ange-stellte-1.2004280; Stand: 25.6.2014

22 Senatsverwaltung Berlin: Sie liebt sie. Er liebt ihn. (1999)

23 http://fra.europa.eu/DVS/DVT/lgbt.php

24 Siehe die Süddeutsche Zeitung vom 11. Januar 2014

Danksagung

Die Idee, dieses Buch zu schreiben, ist aus einem Projekt des Vereins Broken Rainbow e.V. entstanden. Der Verein befasst sich seit vielen Jahren mit Diskriminierung und Gewalt wegen sexueller Orientierung und Geschlechtsidentität, sowie mit häuslicher Gewalt in gleichgeschlechtlichen und trans* Partnerschaften. Dabei ist unser Blick besonders auf Tabuisierungen hinsichtlich häuslicher Gewalt und auf Ein- und Ausschlüsse innerhalb der LSBTIQ-Communitys gerichtet. Letztere betreffen besonders Menschen mit einer Migrationsbiografie.

Finanziert wurde das Projekt von der Hannchen-Mehrzweck-Stiftung und dem Hessischen Ministerium für Justiz und Integration. Ohne diese finanzielle Unterstützung hätten die Gespräche nicht stattfinden und das Buch nicht verwirklicht werden können.

Das Buch wurde von vielen Menschen unterstützt, denen dieses Thema ebenfalls sehr am Herzen liegt. Ihnen gilt mein besonderer Dank. Das Herz des Buches bilden die Gespräche mit Lesben und Schwulen mit Migrationsbiografien. Mein großer Dank gilt all jenen, die sich bereiterklärt haben, mit mir diese Gespräche zu führen. Das war sehr mutig.

Danke!

Constance Ohms